biblioteca
**eduardo galeano**

# EDUARDO GALEANO
# EL CAZADOR
# DE HISTORIAS

**siglo veintiuno**
editores

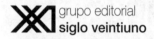 grupo editorial
siglo veintiuno

**siglo xxi editores, méxico**
CERRO DEL AGUA 248, ROMERO DE TERREROS, 04310 MÉXICO, DF
www.sigloxxieditores.com.mx

**siglo xxi editores, argentina**
GUATEMALA 4824, C1425BUP, BUENOS AIRES, ARGENTINA
www.sigloxxieditores.com.ar

**anthropos**
LEPANT 241, 243  08013 BARCELONA, ESPAÑA
www.anthropos-editorial.com

Galeano, Eduardo
El cazador de historias.- 1ª ed.- México: Siglo Veintiuno Editores, 2016
272 p., il.; 21x14 cm.- (Biblioteca Eduardo Galeano)

ISBN 978-607-03-0722-5

1. Literatura. I. Título.
CDD U860

Diseño de colección: Tholõn Kunst
Adaptación de portada: Eugenia Lardiés

Ilustración de portada: Dibujo del Monstruo de Buenos Aires, así
llamado por el sacerdote francés Louis Feuillée, que anduvo por el sur
de América en 1724 y publicó en París lo que había vivido.

Ilustraciones de interiores: *Collages* de Eduardo Galeano, inspirados en
autores anónimos del arte popular y en obras de April Deniz, Ulisse
Aldrovandi, William Blake, Albrecht Dürer, Theodor de Bry, Edward
Topsell, Enea Vico, Pieter Brueghel el Joven, Hieronymus Bosch,
J.-J. Grandville, Collin de Plancy y Jan van Eyck.

ISBN 978-607-03-0722-5

Impreso en Litográfica Ingramex, Centeno 162-1, col. Granjas
Esmeralda, 09810 Ciudad de México, en el mes de abril de 2016
Impreso en México / Made in Mexico

# Nota del editor

Eduardo Galeano murió el 13 de abril de 2015. En el verano de 2014 habíamos cerrado hasta el último detalle de *El cazador de historias*, incluida la imagen de cubierta que, como solía suceder, él mismo había elegido, la del Monstruo de Buenos Aires que ilustra esta edición. Había dedicado los años 2012 y 2013 a trabajar en este libro. Dado que su estado de salud no era bueno, decidimos demorar la publicación, como un modo de protegerlo del trajín que implica todo lanzamiento editorial.

En sus últimos meses de vida siguió haciendo una de las cosas que más disfrutaba hacer, que era escribir y pulir los textos una y otra vez. Había empezado una nueva obra, de la que dejó escritas unas cuantas historias; le gustaba la idea de llamarla *Garabatos*. Luego de su muerte, cuando fue posible retomar el plan de publicar *El cazador de historias*, volvimos sobre ese proyecto inacabado, releímos las historias y sentimos que varias de ellas tenían tanto en común con las de *El cazador* que merecían integrarse al volumen. Por eso, una veintena de esos "garabatos" forman parte de este libro.

Varios de ellos tenían como tema la muerte. Eduardo siempre fue un hombre sobrio, quizás haciendo honor a sus genes galeses de los que tanto renegaba, y no solía hablar en tono grave de sus enfermedades o dolencias, ni siquiera en los últimos tiempos. Este puñado de textos parecían ser una huella de lo que imaginaba o pensaba sobre la muerte. Son tan bellos e impactantes que quisimos incluirlos, y para eso nos permitimos sumar una cuarta parte al libro original. A esta sección le dimos el título de un poema que él había dispuesto como cierre del volumen, y que efectivamente clausura esta obra: "Quise, quiero, quisiera".

Fuera de estos agregados, respetamos todas sus indicaciones, obsesivas y amables como siempre.

No es sencillo poner el punto final a esta tarea en la que no estuvimos solos. Daniel Weinberg aportó valiosos comentarios y observaciones. Gabriela Vigo y el resto del equipo de Siglo XXI trabajaron con profesionalismo durante el largo proceso de edición, seguramente motivados de modo especial por el particular cariño que todos le tenían y le tienen a Eduardo.

Agradezco a Helena Villagra su preciosa ayuda para dar forma definitiva a *El cazador de historias*. Fue un trabajo placentero, de reencuentro con un autor muy querido, y al mismo tiempo inevitablemente difícil.

**CARLOS E. DÍAZ**

# Gratitudes

Este libro está dedicado a los compañeros que me ayudaron haciéndolo: Alfredo López Austin, Mark Fried, Lino Bessonart, Carlos Díaz, Pedro Daniel Weinberg y otros amigos. Y sobre todo y siempre, a Helena Villagra.

# Molinos de tiempo

# Huellas

El viento borra las huellas de las gaviotas.
Las lluvias borran las huellas de los pasos humanos.
El sol borra las huellas del tiempo.
Los cuentacuentos buscan las huellas de la memoria perdida, el amor y el dolor, que no se ven, pero no se borran.

# Elogio del viaje

En las páginas de *Las mil y una noches,* se aconseja:
—*¡Márchate, amigo! ¡Abandónalo todo, y márchate! ¿De qué serviría la flecha si no escapara del arco? ¿Sonaría como suena el armonioso laúd si siguiera siendo un leño?*

# Los libres

En los días, los guía el sol. En la noche, las estrellas.

No pagan pasaje, y viajan sin pasaporte y sin llenar formularios de aduana ni de migración.

Los pájaros, los únicos libres en este mundo habitado por prisioneros, vuelan sin combustible, de polo a polo, por el rumbo que eligen y a la hora que quieren, sin pedir permiso a los gobiernos que se creen dueños del cielo.

# Los náufragos

El mundo viaja.

Lleva más náufragos que navegantes.

En cada viaje, miles de desesperados mueren sin completar la travesía hacia el prometido paraíso donde hasta los pobres son ricos y todos viven en Hollywood.

No mucho duran las ilusiones de los pocos que consiguen llegar.

# El viento

Difunde las semillas, conduce las nubes, desafía a los navegantes.

A veces limpia el aire, y a veces lo ensucia.

A veces acerca lo que está lejos, y a veces aleja lo que está cerca.

Es invisible y es intocable.

Te acaricia o te golpea.

Dicen que dice:

—*Yo soplo donde quiero.*

Su voz susurra o ruge, pero no se entiende lo que dice.

¿Anuncia lo que vendrá?

En China, los que predicen el tiempo se llaman *espejos del viento.*

# El viaje del arroz

En tierras asiáticas, el arroz se cultiva con mucho cuidado. Cuando llega el tiempo de la cosecha, los tallos se cortan suavemente y se reúnen en racimos, para que los malos vientos no se lleven el alma.

Los chinos de las comarcas de Sichuán recuerdan la más espantosa de las inundaciones habidas y por haber: ocurrió en la antigüedad de los tiempos y ahogó el arroz con alma y todo.

Sólo un perro se salvó.

Cuando por fin llegó la bajante, y muy lentamente se fueron calmando las furias de las aguas, el perro pudo llegar a la costa, nadando a duras penas.

El perro trajo una semilla de arroz pegada al rabo.

En esa semilla, estaba el alma.

# El aliento perdido

Antes del antes, cuando el tiempo aún no era tiempo y el mundo aún no era mundo, todos éramos dioses.

Brahma, el dios hindú, no pudo soportar la competencia: nos robó el aliento divino y lo escondió en algún lugar secreto.

Desde entonces, vivimos buscando el aliento perdido. Lo buscamos en el fondo de la mar y en las más altas cumbres de las montañas.

Desde su lejanía, Brahma sonríe.

# Las estrellas

A orillas del río Platte, los indios pawnees cuentan el origen.

Jamás de los jamases se cruzaban los caminos de la estrella del atardecer y la estrella del amanecer.

Y quisieron conocerse.

La luna, amable, las acompañó en el camino del encuentro, pero en pleno viaje las arrojó al abismo, y durante varias noches se rió a carcajadas de ese chiste.

Las estrellas no se desalentaron. El deseo les dio fuerzas para trepar desde el fondo del precipicio hasta el alto cielo.

Y allá arriba se abrazaron con tanta fuerza que ya no se sabía quién era quién.

Y de ese abracísimo brotamos nosotros, los caminantes del mundo.

# Encuentros

Tezcatlipoca, dios negro, dios mexicano de la noche, envió a su hijo a cantar junto a los cocodrilos músicos del cielo.

El sol no quería que ese encuentro ocurriera, pero la belleza prohibida no le hizo caso y reunió las voces del cielo y de la tierra.

Y así se unieron, y aprendieron a vivir unidos, el silencio y el sonido, los cánticos y la música, el día y la noche, la oscuridad y los colores.

# El nuevo mundo

Quizás Ulises, llevado por el viento, fue el primer griego que vio el océano.

Me imagino su estupor cuando la nave pasó el estrecho de Gibraltar y ante sus ojos se abrió esa inmensa mar, vigilada por monstruos de fauces siempre abiertas.

El navegante no pudo ni siquiera sospechar que más allá de esas aguas muy saladas y esos vientos bravíos había un misterio más inmenso, y sin nombre todavía.

# La satánica diversidad

A mediados del siglo diecisiete, el sacerdote Bernabé Cobo culminó en Perú su *Historia del Nuevo Mundo.*

En esa voluminosa obra, Cobo explicó el motivo por el cual la América indígena contenía tantos dioses diferentes y tan diversas versiones del origen de sus gentes.

El motivo era simple: los indios eran ignorantes.

Pero un siglo antes, el escribano Juan de Betanzos, asesor principal del conquistador Francisco Pizarro, había revelado otra razón, mucho más poderosa: era Satanás quien dictaba lo que los indios creían y decían, y por eso ellos no tenían una fe única, confundían el Bien con el Mal y tenían tantas opiniones diferentes y diversas ideas:

—*El Diablo les trasmite miles de ilusiones y de engaños* —sentenció.

# Costumbres bárbaras

Los conquistadores británicos quedaron bizcos de asombro.

Ellos venían de una civilizada nación donde las mujeres eran propiedad de sus maridos y les debían obediencia, como la Biblia mandaba, pero en América encontraron un mundo al revés.

Las indias iroquesas y otras aborígenes resultaban sospechosas de libertinaje. Sus maridos ni siquiera tenían el derecho de castigar a las mujeres que les pertenecían. Ellas tenían opiniones propias y bienes propios, derecho al divorcio y derecho de voto en las decisiones de la comunidad.

Los blancos invasores ya no podían dormir en paz: las costumbres de las salvajes paganas podían contagiar a sus mujeres.

# Mudos

Las divinidades indígenas fueron las primeras víctimas de la conquista de América.

Los vencedores llamaron *extirpación de la idolatría* a la guerra contra los dioses condenados a callar.

# Ciegos

¿Cómo nos veía Europa en el siglo dieciséis?

Por los ojos de Theodor de Bry.

Este artista de Lieja, que nunca estuvo en América, fue el primero que dibujó a los habitantes del Nuevo Mundo.

Sus grabados eran la traducción gráfica de las crónicas de los conquistadores.

Según mostraban esas imágenes, la carne de los conquistadores europeos, dorada a las brasas, era el plato preferido de los salvajes americanos.

Ellos devoraban brazos, piernas, costillares y vientres y se chupaban los dedos, sentados en rueda, ante las parrillas ardientes.

Pero, perdón por la molestia: ¿eran indios esos hambrientos de carne humana?

En los grabados de De Bry, todos los indios eran calvos.

En América, no había ningún indio calvo.

# El Monstruo de Buenos Aires

Así lo vio, o lo imaginó, y así lo llamó, el sacerdote francés Louis Feuillée.

Este monstruo fue uno de los espantos que ilustraron el libro de memorias de su viaje por tierras sudamericanas, "reinos de Satán", entre 1707 y 1712.

## Sordos

Cuando los conquistadores españoles pisaron por vez primera las arenas de Yucatán, unos cuantos nativos les salieron al encuentro.

Según contó fray Toribio de Benavente, los españoles les preguntaron, en lengua castellana:

—*¿Dónde estamos? ¿Cómo se llama este lugar?*

Y los nativos dijeron, en lengua maya yucateca:

—*Tectetán, tectetán.*

Los españoles entendieron:

—*Yucatán, Yucatán.*

Y desde entonces, así se llama esta península.

Pero en su lengua, los nativos habían dicho:

—*No te entiendo, no te entiendo.*

# El poderoso cero

Hace cerca de dos mil años, el signo del cero fue grabado en las estelas de piedra de Uaxactún y en otros centros ceremoniales de los mayas.

Ellos habían llegado más lejos que los babilonios y los chinos en el desarrollo de esta llave que abrió paso a una nueva era en las ciencias humanas.

Gracias a la cifra cero, los mayas, hijos del tiempo, sabios astrónomos y matemáticos, crearon los calendarios solares más perfectos y fueron los más certeros profetas de los eclipses y otras maravillas de la naturaleza.

# Peligro

El chocolate, antigua bebida de los indios de México, generaba desconfianza, y hasta pánico, entre los extranjeros venidos de Europa.

El médico Juan de Cárdenas había comprobado que el chocolate provocaba vientos y melancolías, y la espuma impedía la digestión y causaba *terribles tristezas en el corazón*.

También se sospechaba que inducía al pecado, y el obispo Bernardo de Salazar excomulgó a las damas que habían bebido chocolate en plena misa.

Pero ellas no dejaron el vicio.

# El Evangelio según Cochabamba

Cuando el niño besó la teta de la mamá, brotó un manantial de leche y miel, pero la teta se secó cuando el papá metió la boca.

Y cuando el papá, que era calvo, fue picado por los mosquitos, el niño le acarició la cabeza y de la cabeza brotó tremendo sombrero, lindo, de paja blanca trenzada.

Y cuando faltó trabajo en la carpintería, y no hubo nada que comer, el niño convirtió las suciedades de su cuerpo en empanaditas de queso y pollo picante.

Y cuando la familia estaba atravesando el desierto, con mucha sed y agua ninguna, el niño pateó una piedrita y del suelo brotó un arroyo de aguas claras.

Y cuando llegaron a la tierra fértil, él se dejó comer por la tierra y en la tierra se hundió y desapareció.

Y al tercer día regresó, desde el fondo de la tierra regresó, y sabía todo, todito sabía de lo que había ocurrido en su ausencia.

Así fue en la antigüedad de los tiempos, según me contaron las mujeres y los hombres de palabra verdadera, en el valle de Cochabamba.

# La explicación

El fraile dominico Antonio de la Huerte escribió, en 1547, a propósito de las rarezas de América:

*Se diría que, en el día de su creación, al Señor le temblaba un poco el pulso.*

## La naturaleza enseña

En la Amazonía, la naturaleza da clases de diversidad. Los nativos reconocen diez tipos de suelos diferentes, ochenta variedades de plantas, cuarenta y tres especies de hormigas y trescientas diez especies de pájaros en un solo kilómetro.

## Éramos bosques caminantes

Cada día, el mundo pierde un bosque nativo, asesinado cuando tiene unos cuantos siglos de edad y todavía crece. Los desiertos estériles y las plantaciones industriales en gran escala avanzan sepultando el mundo verde; pero algunos pueblos han sabido guardar el lenguaje vegetal que les permite entenderse con la fortaleza del roble y las melancolías del sauce.

# La ceiba

En Cuba, y en otros lugares de las Américas, la ceiba es el árbol sagrado, el árbol del misterio. El rayo no se atreve a tocarlo. El huracán, tampoco.

Habitado por los dioses, nace en el centro del mundo, y desde allí eleva el tronco inmenso que sostiene el cielo.

Para curar la arrogancia del cielo, la ceiba le pregunta, cada día:

—*¿En qué pies te apoyarías, si no estuviera yo?*

# La aruera

Advertencia a los viajeros: en los campos sudamericanos, tengan mucho cuidado con un árbol llamado aruera, en lengua indígena *ahué,* que significa *árbol malo.*
Se trata de un señor muy ofendidizo, que no olvida ni perdona las afrentas.
No se puede, no se debe, cortarle ninguna rama, ni dormir bajo su copa frondosa sin pedirle permiso. Y sobre todo: está prohibido pasar a su lado sin saludar.
Si es noche, se le dice *Buen día.*
Si es día, se le dice *Buenas noches.*
Quienes incumplen estas obligaciones quedan condenados a sufrir hinchazones y fiebres muy largas y feroces, que a veces matan.

# Con el abuelo no hay quien pueda

Buena noticia para los viejos que en el mundo son: se equivocan quienes creen que los árboles jóvenes son los que dan más y mejor madera.

Ahí están las sequoias, los árboles más grandes del mundo, que en California y otros parajes dan testimonio. Ellos, los majestuosos abuelos, pueden tener hasta tres mil años de edad y siguen generando dos mil millones de hojas y son los que mejor resisten seis meses de nieve y tormentas de rayos, y no hay peste que con ellos pueda.

# La piel del libro

Él nos dio y nos da mucho placer, pero recibió poco o ninguno.

Tsai Lun, eunuco, miembro de la corte imperial china, inventó el papel. Fue en el año 105, tras mucho trabajar con la corteza del árbol de la mora y otros vegetales.

Gracias a Tsai Lun, ahora podemos leer y escribir acariciando la piel del libro, mientras sentimos que son nuestras las palabras que nos dice.

# Símbolos

En 1961, mientras algunos expertos internacionales aconsejaban prohibir el cultivo y el consumo de las hojas de coca, en el noroeste de Perú se hallaban restos de hojas de coca que habían sido mascadas hacía miles de años.

Mascar coca ha sido, es y seguirá siendo una sana costumbre en las alturas andinas. La coca evita náuseas y mareos y es el mejor remedio para varias enfermedades y fatigas.

Además, y no es lo de menos, la hoja de coca es un símbolo de identidad, que sólo por mala fe se puede confundir con esa jodida manipulación química llamada cocaína.

Otra peligrosa manipulación química, llamada heroína, se puede obtener a partir de la flor de la amapola. Pero hasta ahora, que se sepa, en Inglaterra la amapola sigue siendo un símbolo de la paz, la memoria y el patriotismo.

## Mano de obra

En Tijuana, en el año 2000 y pico, el sacerdote David Ungerfelder escuchó la confesión de uno de los asesinos a sueldo de los amos del tráfico de cocaína en México.

El profesional se llamaba Jorge, tenía veinte años de edad y recibía dos mil dólares por cada cadáver.

Él lo explicaba así:

—*Yo prefiero vivir cinco años como rey, que cincuenta años como buey.*

Cinco años después, también él fue marcado para morir.

Sabía demasiado.

Así funciona el gran negocio de la cocaína en la división internacional del trabajo: unos ponen la nariz y otros ponen los muertos.

# Los aliados de Urraká

En las sierras panameñas de Veraguas, Urraká encabezó la resistencia indígena.

Mucho lo ayudaron la lluvia, el viento y el trueno.

Cuando los conquistadores españoles avanzaban, la lluvia inutilizaba la pólvora y los mosquetes. Y mientras los truenos tronaban y el cielo se hacía noche en pleno día, los invasores perdían el rumbo y caían derribados por los vientos furiosos.

# El hondero

Juan Wallparrimachi Mayta, el guerrero poeta, no usaba espada ni arcabuz.

Cuando Bolivia aún no era independiente ni se llamaba así, él encabezaba la brigada de los honderos, que al mando de Juana Azurduy revoleaban unos cordajes que giraban en remolino y arrojaban mortíferas piedras contra los invasores españoles.

La brigada atacaba cantando. En lengua quechua, los honderos hacían coro a los poemas de Juan, dedicados a las mujeres amadas o por amar:

*Amandoté,*
*soñandoté,*
*moriré.*

Juan murió de bala, en el campo de batalla. Tenía veintiún años.

# Los profetas de Túpac Amaru

A principios del siglo dieciocho, Ignacio Torote se alzó, en la selva peruana, contra los intrusos que habían venido a llevarse las almas y las tierras.

Al mismo tiempo, el ejército quechua de Juan Santos Atahualpa impedía, de paliza en paliza, el avance de las tropas españolas.

A mediados del siglo, mientras Juan Santos moría, muy lejos de su selva impenetrable el joven José Gabriel Condorcanqui elegía llamarse Túpac Amaru y encabezaba la insurgencia indígena más numerosa de toda la historia americana.

Y de derrota en derrota, de rebelión en rebelión, la historia continuó: cuando ella dice adiós, dice hasta luego.

# Buenos Aires nació dos veces

El primer nacimiento ocurrió en 1536.

La ciudad, recién nacida, murió de hambre.

En 1580, Buenos Aires nació, por segunda vez, donde hoy está la Plaza de Mayo.

¿Por qué se llama como se llama la zona de La Matanza? Porque los indios no dieron la bienvenida a los intrusos. Desde el principio, hubo guerra. La populosa zona de La Matanza fue bautizada así en memoria de una carnicería: los muertos fueron, todos, indios querandíes.

Según el conquistador Juan de Garay, eran *naturales alterados*.

# La primera flauta

Un cazador se perdió, alguna vez, en alguno de los laberintos de la selva amazónica.

Después de mucho vagar, se dejó caer al pie de un cedro y allí quedó dormido.

Fue despertado por el sol y por una música jamás escuchada.

Entonces, el cazador perdido descubrió que un pájaro carpintero, de cabeza roja, largo cuello y pico poderoso, estaba picoteando una rama.

La música nacía del viento que entraba por los agujeritos que el pájaro excavaba.

El cazador aprendió. Imitando al viento y al pájaro, creó la primera flauta americana.

# El tambor

Desde las costas de África viajó, hacia las manos y la memoria de los esclavos de las plantaciones de América. Allí fue prohibido. El repique del tambor desataba a los atados y daba voz a los condenados al silencio; y los amos de los hombres y de la tierra bien sabían que esa peligrosa música, que llamaba a los dioses, anunciaba la rebelión.

Por eso el sagrado tambor dormía escondido.

# Concurso de viejos

Hace algunos milenios, año más, año menos, el jaguar, el perro y el coyote estaban compitiendo. ¿Quién era el viejo más viejo? El más viejo iba a recibir, en premio, la primera comida que encontraran.

Desde la colina, un carro, destartalado, avanzaba tambaleando, cuando de él cayó una bolsa llena de tortillas de maíz.

¿Quién merecía ese tesoro?

¿Cuál era el viejo más viejo? El jaguar dijo que él había visto el primer amanecer del mundo. El perro dijo que él era el único sobreviviente del diluvio universal.

El coyote no dijo nada, porque tenía la boca llena.

# Me lo contó un cuentacuentos

Érase que se era, en algún lugar de la selva africana, un rey león muy glotón y muy mandón.

El rey prohibió que sus súbditos comieran uvas:

—*Sólo yo puedo* —sentenció, y firmó un edicto real estableciendo que su monopolio de las uvas respondía a la voluntad de los dioses.

Entonces el conejo se internó en la espesura y armó tremendo barullo rompiendo ramajes y balanceándose entre las lianas, y anunciando:

—*¡Hasta los elefantes volarán! ¡Se ha enloquecido el viento! ¡Se viene el huracán!*

El conejo propuso proteger al monarca atándolo al más fuerte de los árboles.

Y el rey león, bien atado, se salvó del huracán que nunca llegó, mientras el conejo, metido en la selva, no dejó ni una uva sin comer.

# Samuel Ruiz nació dos veces

En 1959, llegó el nuevo obispo a Chiapas.

Samuel Ruiz era un joven horrorizado por el peligro comunista, que amenazaba la libertad.

Fernando Benítez lo entrevistó. Cuando Fernando le comentó que no merecía llamarse libertad el derecho de humillar al prójimo, el obispo lo echó.

Don Samuel dedicó sus primeros tiempos de obispado a predicar resignación cristiana a los indios condenados a la obediencia esclava. Pero pasaron los años, y la realidad habló y enseñó, y don Samuel supo escuchar.

Y al cabo de medio siglo de obispado, se convirtió en el brazo religioso de la insurrección zapatista.

Los nativos lo llamaban el Obispo de los Pobres, el heredero de fray Bartolomé de Las Casas.

Cuando la Iglesia lo trasladó, don Samuel dijo adiós a Chiapas, y llevó consigo el abrazo de los mayas:

—*Gracias* —le dijeron—. *Ya no caminamos encorvados.*

## José Falcioni murió dos veces

En el año 1907, los fusileros de la Marina argentina, formados en doble fila, atacaron a tiros de máuser la Casa del Pueblo, en Puerto Ingeniero White, donde estaban reunidos los obreros en huelga.

Para disolver la asamblea, el comandante Enrique Astorga dio orden de tirar a matar.

José Falcioni, un vecino del barrio, había tenido la mala suerte de pasar por allí cerca y una bala le rompió un pulmón.

Una silenciosa multitud lo acompañó al cementerio de Bahía Blanca.

Se dice que el comandante atravesó el gentío, a paso recio, y metió tres balazos más en el cuerpo del difunto.

Por las dudas.

# El viaje de la tierra

La tierra negra de la Amazonía, también llamada *biochar,* es obra de la larguísima y despreciada historia de la agricultura indígena en la selva.

Esa tierra, que fertiliza los suelos sin descomponerse nunca, se alimenta de los mil y un pedacitos de la cerámica que los indígenas rompen y siembran, para devolver a la tierra la alfarería que de la tierra viene.

Gracias a este acto de gratitud religiosa, la tierra se regenera sin cesar, de tiempo en tiempo, de mano en mano.

# Tierra indignada

En mayo del año 2013, por primera vez en la historia de Guatemala, un exterminador de indios fue sentenciado por genocidio racista. Un tribunal del fuero común lo condenó a ochenta años de cárcel.

El general Ríos Montt había sido el penúltimo de una serie de dictadores militares especializados en la matanza de indígenas mayas.

Poco después de la sentencia, estalló un terremoto: la tierra, la madre de todos los asesinados, tembló y siguió temblando sin parar.

Temblaba de ira. Ella sabía que iba a ocurrir lo que ocurrió: la condenación del verdugo fue postergada por las más altas autoridades judiciales del país. La tierra se alzó, furiosa, contra la impunidad de siempre.

# Homenajes

En el cerro Santa Lucía, en pleno centro de Santiago de Chile, se alza una estatua del jefe indígena Caupolicán.

Caupolicán más bien parece un indio de Hollywood, y se explica: la obra fue esculpida, en 1869, para un concurso de los Estados Unidos en memoria de James Fenimore Cooper, autor de la novela *El último de los mohicanos.*

La escultura perdió el concurso, y el mohicano no tuvo más remedio que mudarse de país y mentir que era chileno.

# Andresito

José Artigas, autor de la primera reforma agraria en las Américas, se negó a aceptar que la independencia fuera una emboscada contra los hijos más pobres de estas tierras. Y escandalizó a la sociedad colonial cuando nombró gobernador y comandante al indio Andresito Guacurarí.

Antes de ser vencido por dos imperios esclavistas y tres puertos traidores, Artigas recibió la noticia de la muerte de Andresito, que había caído peleando.

Nada nunca le dolió tanto. Andresito, su hijo elegido, era el más valiente y el más silencioso de sus soldados. Indio callado, hablaba por sus actos.

# La garra charrúa

En el año 1832, los pocos indios charrúas que habían sobrevivido a la derrota de Artigas fueron invitados a firmar la paz, y el presidente del Uruguay, Fructuoso Rivera, les prometió que iban a recibir tierras.

Cuando los charrúas estuvieron bien comidos y bebidos y dormidos, los soldados procedieron. Los indios fueron despenados a cuchillo, para no gastar en balas, y para no perder tiempo en entierros fueron arrojados al arroyo Salsipuedes.

Fue una trampa. La historia oficial la llamó *batalla*. Y cada vez que los uruguayos ganamos un trofeo de fútbol celebramos el triunfo de *la garra charrúa*.

# El viaje del café

Durante la travesía de la mar, el piloto John Newton cantaba himnos religiosos, mientras conducía barcos repletos de esclavos encadenados:

*Qué dulce suena el nombre de Jesús...*

El café había brotado en Etiopía, hacía millones de años, nacido de las lágrimas negras del dios Waka.

Quizás el dios lloraba las desgracias que el café iba a traer, como el azúcar, a los millones de esclavos que serían arrancados del África y extenuarían sus vidas, en nombre de otro dios, en las plantaciones de las Américas.

# Cafés con historia

En el Café El Cairo, que no está en Egipto sino en la ciudad argentina de Rosario, tiene su mesa Roberto Fontanarrosa, dibujante y escritor. Él murió hace años, pero nunca falta. Viene siempre acompañado por su perro Mendieta y su amigo Inodoro Pereyra.

En el Café Tortoni, de Buenos Aires, se fundó la primera agrupación de artistas y escritores argentinos.

La Academia Brasileña de Letras, presidida por el novelista Machado de Assis, se reunía en el Café Colombo, de Río de Janeiro.

En el Café Paraventi, en la ciudad de San Pablo, Olga Benário y Luiz Carlos Prestes imaginaban la revolución brasileña.

En los tiempos del exilio, Trotsky y Lenin discutían la revolución rusa en el Café Central, en Viena.

Algunas obras maestras del poeta portugués Fernando Pessoa fueron escritas en el Café À Brasileira, de Lisboa.

Mientras nacía el siglo veinte, Pablo Picasso ofreció la primera exposición de sus obras en el Café Els Quatre Gats, de Barcelona.

En 1894, el escritor Ferenc Molnár arrojó a las aguas del Danubio las llaves del Café New York, de Budapest, para que nadie cerrara la puerta.

En 1898, Émile Zola escribió su célebre alegato *J'Accuse...!* en el Café de la Paix, en París.

En 1914, el socialista Jean Jaurès, que había declarado la guerra contra las guerras, fue asesinado en el Café du Croissant, de París.

El Café Riche, en El Cairo, fue en 1919 el centro de la insurrección egipcia contra la ocupación británica.

En 1921, se inauguró en Chicago el Sunset Café, donde Louis Armstrong y Benny Goodman desplegaban las alas de su música.

# Esplendor del mediodía

Había peces jamás vistos, plantas de ningún jardín, libros de imposibles librerías.

En la feria de la calle Tristán Narvaja, en Montevideo, había cerros de frutas y calles de flores y había olores de todos los colores. Había pájaros musiqueros y gente bailandera y había predicadores del cielo y de la tierra, que subidos a un banquito gritaban su mensaje final. Los predicadores del cielo proclamaban que era llegada la hora de la resurrección; los de la tierra anunciaban la hora de la insurrección.

Había quien deambulaba entre los puestos de venta ofreciendo una gallina, y la llevaba caminando, atada del pescuezo, como perro; y había quien vendía un pingüino que por error había llegado a nuestras playas desde las nieves del sur.

Había largas hileras de zapatos usados, muy gastaditos, con la ñata alzada y la boca abierta. Los zapatos se vendían por pares y también de a uno, zapatos solos para gente de un solo pie. Había lentes usados, llaves usadas, dentaduras usadas. Las dentaduras yacían dentro de un gran tacho de agua. El cliente hundía el brazo, elegía y batía sus mandíbulas: si la dentadura no le venía bien, la devolvía al tacho.

Había ropa para vestir y ropa para desvestir y había condecoraciones de atletas y de generales y había relojes que marcaban la hora que uno quería. Y había amigos y amantes, que uno encontraba sin saber que los había estado buscando.

Fiesta de la memoria, y del próximo domingo al mediodía.

# Las manos de la memoria

En San Petersburgo, cuando todavía se llamaba Leningrado, conocí la historia de la resurrección de la ciudad.

Ella había sido asesinada por las tropas de Hitler, entre 1941 y 1944. Tras novecientos días de bombardeos continuos y bloqueo implacable, era una inmensa ruina, habitada por fantasmas, la ciudad que había sido reina del Báltico, capital de la Rusia de los zares y cuna de la revolución comunista.

Veinte años después de esa tragedia, pude comprobar que la ciudad había vuelto a ser la que había sido. Sus habitantes la habían fundado nuevamente, pedacito a pedacito, día tras día. Los planos de la reconstrucción provenían de las fotos, los dibujos, las viejas crónicas de los periódicos y los testimonios de los vecinos de cada barrio.

La ciudad había nacido de nuevo, parida por la memoria de su gente.

# La memoria no es una especie en vías de extinción

Responden preguntas los campesinos mexicanos organizados en la Red por la Defensa del Maíz:

—*La memoria es nuestra semilla principal. Por desamor al maíz, ya ni sabemos de dónde venimos.*

Y una mujer del sur de Veracruz, compañera de la misma red:

—*Mucho herbicida, mucho plaguicida, mucho fertilizante, y la tierra se enferma. La tierra se está volviendo drogadicta, con tanta química.*

Y otra:

—*Se nos muere la diversidad. Ya la milpa no es como antes era, cuando junto al maíz teníamos frijoles, chiles, tomatillos, calabazas...*

Y un viejo sembrador, nostalgioso de los saberes de la vida rural, concluye:

—*Ya no sabemos leer las señales de la lluvia, de las estrellas, de la finura del aire...*

# Semillas de identidad

A mediados del año 2011, más de cincuenta organizaciones de Perú se reunieron en defensa de las tres mil doscientas cincuenta variedades de papas. Esa diversidad, herencia de ocho mil años de cultura campesina, está hoy por hoy amenazada de muerte por la invasión de los transgénicos, el poder de los monopolios y la uniformidad de los cultivos.

Paradójico mundo es este mundo, que en nombre de la libertad te invita a elegir entre lo mismo y lo mismo, en la mesa o en la tele.

# La divina ofrenda

Tunupa, el volcán, el dios del rayo que llama a la lluvia, reina sobre el altiplano de los Andes.

A sus pies, se extiende la infinita llanura blanca, que parece nieve pero está hecha de sal, y en los alrededores florecen los plantíos de quinua.

—*Yo traje la quinua, para consuelo de los desesperados* —dicen que dijo el volcán.

Y les regaló a los indígenas esos minúsculos granitos de quinua con los que los aymaras y los quechuas se salvan del hambre y resisten el sol fuerte y la escarcha.

# Amnesias

Nicolae Ceaucescu ejerció la dictadura de Rumania durante más de veinte años.

No tuvo oposición, porque la población estaba ocupada en las cárceles y los cementerios, pero todos tenían derecho a aplaudir sin límites los faraónicos monumentos que él alzaba, en homenaje a sí mismo, con mano de obra gratuita.

El derecho al aplauso fue también ejercido por prestigiosos políticos como Richard Nixon y Ronald Reagan, que eran sus íntimos, y por el Fondo Monetario Internacional y el Banco Mundial, que derramaron dinerales y elogios sobre esta dictadura comunista que sin chistar obedecía sus órdenes.

Para celebrar su poder absoluto, Ceaucescu se hizo hacer un cetro de marfil, y se otorgó a sí mismo el título de Conductor del Pueblo.

Según era costumbre, nadie se opuso.

Pero muy poco tiempo después, cuando se desató el huracán de la furia popular, el fusilamiento de Ceaucescu fue una ceremonia de exorcismo colectivo.

Entonces, mágicamente, el bueno entre los buenos, el preferido de los poderosos del mundo, pasó a ser el malo de la película.

Suele ocurrir.

# Monstruo se busca

San Columba estaba remando en el lago Ness, cuando el Monstruo, inmensa serpiente de fauces abiertas, se abalanzó contra el bote. San Columba, que no tenía el menor interés en ser almorzado, lo conjuró haciendo la señal de la cruz, y el Monstruo huyó.

Catorce siglos después, el Monstruo fue fotografiado por los vecinos del lago, que casualmente llevaban una cámara colgada al cuello, y sus piruetas se publicaron en los diarios de Glasgow y Londres.

El Monstruo resultó ser un muñeco, y sus huellas eran patas de un bebé de hipopótamo, que se vendían como ceniceros.

Las revelaciones no desalentaron a los turistas.

La demanda de monstruos alimenta al mercado del miedo.

# ¡Damas y caballeros!

*¡Ya se están agotando las últimas entradas! ¡No se lo pierdan!*

Los zoológicos humanos habían sido fundados, en 1874, por el empresario alemán Karl Hagenbeck, y se habían difundido exitosamente por casi toda Europa.

Por no ser menos, la Sociedad Rural Argentina montó su propio espectáculo sesenta y cinco años después. En el mismo predio donde se exhibía la mejor ganadería del país, el público compró pasajes a la prehistoria contemplando a unos cuantos indígenas macás, casi desnudos, que habían sido arrancados del Gran Chaco.

# Vamos a pasear

A fines del siglo diecinueve, muchos montevideanos dedicaban sus domingos al paseo preferido: la visita a la cárcel y al manicomio.

Contemplando a los presos y a los locos, los visitantes se sentían muy libres y muy cuerdos.

# Extranjero

En un periódico del barrio del Raval, en Barcelona, una mano anónima escribió:

*Tu dios es judío, tu música es negra, tu coche es japonés, tu pizza es italiana, tu gas es argelino, tu café es brasileño, tu democracia es griega, tus números son árabes, tus letras son latinas.*

*Yo soy tu vecino. ¿Y tú me llamas extranjero?*

# Esopo

Lilian Thuram, bisnieto de esclavos en la isla Guadalupe, preguntó a su hijo más pequeño:

—¿*Cómo es Dios?*

El niño contestó sin dudar:

—*Dios es blanco.*

Thuram era un gran jugador de fútbol, campeón de Europa y campeón del mundo, pero esa respuesta le cambió la vida.

A partir de ese día, decidió salir de las canchas para dedicar sus mejores energías a ayudar al rescate de la dignidad de los negros del mundo.

Denunció el racismo en el fútbol y en la educación, que vacía de pasado a los niños que no son hijos de los amos.

La memoria colectiva era un descubrimiento incesante, que le abría los ojos. El camino de la revelación de lo escondido estaba hecho de muchas dudas y pocas certezas, pero eso no lo desalentaba. Basado en remotas investigaciones demostró que Esopo pudo haber sido negro, esclavo en Nubia, y recordó que hubo faraones negros en Egipto y centenares de santuarios populares que en el Congo celebraban a la Virgen negra, aunque la Iglesia decía que negra no era: la Virgen había quedado así por culpa del humo de los inciensos y los pecados de los infieles.

# Una fábula del tiempo de Esopo

Una vieja descubrió, maltrecho en el suelo, un cántaro vacío.

Del cántaro, sólo había sobrevivido el aroma del buen vino de Palermo.

Ella olía los restos de esa fina alfarería una y otra vez, con placer creciente.

Y tras mucho oler dedicó este requiebro al vino que el cántaro había contenido:

—*Si estas son tus huellas, ¿cómo habrán sido tus pasos?*

# Si el Larousse lo dice...

En 1885, Joseph Firmin, negro, haitiano, publicó en París un libro de más de seiscientas páginas, titulado *Sobre la igualdad de las razas humanas*.

La obra no tuvo difusión, ni repercusión. Sólo encontró silencio. En aquel tiempo, era todavía palabra santa el diccionario Larousse, que explicaba así el asunto:

*En la especie negra, el cerebro está menos desarrollado que en la especie blanca.*

# Así nació Las Vegas

Allá por el año 1950 y pico, Las Vegas era poco más que nada. Su mayor atracción eran los hongos atómicos que los militares ensayaban por ahí cerca y que daban espectáculo al público, exclusivamente blanco, que podía contemplarlo desde las terrazas. Y también atraían al público, exclusivamente blanco, los artistas negros que eran las grandes estrellas de la canción.

Louis Armstrong, Ella Fitzgerald y Nat King Cole fueron bien pagados, pero sólo podían entrar y salir por la puerta de servicio. Y cuando Sammy Davis Junior se zambulló en la piscina, el director del hotel mandó cambiar toda el agua.

Y así fue hasta que en 1955 un millonario estrenó en Las Vegas lo que él llamó *el primer hotel casino interracial de los Estados Unidos.* Joe Louis, el legendario boxeador, daba la bienvenida a los huéspedes, que ya eran blancos o negros; y así Las Vegas empezó a ser Las Vegas.

Los amos de la aldea que se convirtió en el más fastuoso paraíso de plástico seguían siendo racistas, pero habían descubierto que el racismo no era un buen negocio. Al fin y al cabo, los dólares de un negro rico son tan verdes como los otros.

# Repítame la orden, por favor

En nuestros días, la dictadura universal del mercado dicta órdenes más bien contradictorias:

*Hay que apretarse el cinturón y hay que bajarse los pantalones.*

Los mandatos que bajan desde el alto cielo no son mucho más coherentes, la verdad sea dicha. En la Biblia ("Éxodo", 20) Dios ordena:

*No matarás.*

Y en el capítulo siguiente ("Éxodo", 21), el mismo Dios manda matar por cinco motivos diferentes.

# El trono de oro

Según se cuenta en el Olimpo griego, Zeus, el dios de dioses, y Hera, su mujer, se trenzaron en una riña conyugal de esas que te envejecen cien años; y el lío iba de mal en peor cuando el hijo, Hefesto, apareció en esa batalla donde no había sido invitado, y tomó partido por su madre.

Expulsado por el padre, Hefesto fue arrojado al mundo.

En alguna gruta encontró refugio, y allí practicaba artes de herrería.

Su obra maestra fue dedicada a mamá.

Era un trono de oro, que tenía un solo defecto: contenía cadenas que ataban para siempre a quien allí se sentara.

# Pequeño dictador ilustrado

El hombre que más libros quemó, el que menos libros leyó, era dueño de la biblioteca más gorda de Chile.

Augusto Pinochet había acumulado miles y miles de libros, gracias a los dineros públicos que él convertía en fondos de uso privado.

Compraba libros por tenerlos, no para leerlos.

Más y más libros: era como sumar dólares en sus cuentas del Banco Riggs.

En la biblioteca había ochocientas ochenta y siete obras sobre Napoleón Bonaparte, encuadernadas a todo lujo, y las esculturas de su héroe favorito encabezaban las estanterías.

Todos los libros lucían el sello de propiedad de Pinochet, su exlibris: una imagen de la Libertad, provista de alas y antorcha.

La biblioteca, llamada Presidente Augusto Pinochet, fue dejada en herencia a la Academia de Guerra del Ejército chileno.

# Pequeño dictador invencible

Matar era un placer, y poco importaba si el finado era ciervo, pato o republicano. Pero las perdices eran la especialidad de las cacerías de Francisco Franco.

En un día de octubre de 1959, el Generalísimo mató cuatro mil seiscientas perdices, y así superó su propio récord.

Los fotógrafos inmortalizaron esa jornada victoriosa. A los pies del vencedor yacían sus trofeos, que cubrían los suelos del mundo.

# El asustador

Allá por el año 1975 y 1976, antes y después del cuartelazo que impuso la más feroz de todas las dictaduras militares argentinas, llovían las amenazas y desaparecían, en la niebla del terror, los sospechosos de pensar.

Orlando Rojas, exiliado paraguayo, atendió el teléfono en Buenos Aires.

Una voz repitió lo mismo de todos los días:

—*Le comunico que usted va a morir.*

—*¿Y usted no?* —preguntó Orlando.

El asustador cortó la comunicación.

# El purgatorio

En agosto de 1936, en plena guerra contra la república española, el generalísimo Francisco Franco fue entrevistado por el periodista norteamericano Jay Allen.

Franco dijo que su victoria estaba cerca, la victoria de la cruz y la espada:

—*La conseguiremos a cualquier precio* —dijo.

—*Tendrá que matar a media España* —comentó el periodista.

Y Franco:

—*He dicho: al precio que sea.*

Los purgadores operaban acompañados por curas confesores y militares. Había que limpiar España de ratas, piojos y bolcheviques.

# Puertas cerradas

En agosto del año 2004, se incendió un centro comercial en Asunción del Paraguay.

Hubo trescientos noventa y seis muertos.

La puerta estaba clausurada, para que nadie se escapara sin pagar la cuenta.

# Invisibles

En noviembre del año 2012, un incendio quemó vivos a ciento diez obreros en Bangladesh. Ellos trabajaban en los llamados *sweatshops,* talleres de sudor, con ninguna seguridad y ningún derecho.

Poco después, en abril del año siguiente, otro incendio quemó vivos a mil ciento veintisiete obreros en otros *sweatshops* de Bangladesh.

Eran todos invisibles, como siguen siendo invisibles los esclavos de muchos otros lugares del mundo globalizado.

Sus salarios, un dólar por día, son también invisibles.

Visibles son, en cambio, los precios impagables de las ropas que sus manos producen para Walmart, JCPenney, Sears, Gap, Benetton, H&M...

# La primera huelga

Estalló en Egipto, en el Valle de los Reyes, el 14 de noviembre del año 1152 antes de Cristo.

Los protagonistas de la primera huelga en toda la historia del movimiento obrero fueron los picapiedras, carpinteros, albañiles y dibujantes que estaban construyendo las pirámides y se cruzaron de brazos hasta que recibieron los salarios que les debían.

Los trabajadores egipcios habían conquistado tiempo atrás el derecho de huelga. También tenían servicio médico gratuito por accidentes de trabajo.

Hasta hace poco tiempo, nada o casi nada sabíamos de eso.

Quizás por miedo a que cundiera el ejemplo.

# El rompevientos

Thomas Müntzer encabezó la insurrección campesina, en Alemania, en 1525.

Este sacerdote, enemigo de los príncipes y los señores de la tierra y de la guerra, fue seguido por una multitud de hombres que se negaban a ser propiedad de otros hombres.

Lutero maldijo a este loco de remate, su hijo renegado:

—*Yo no creería en Müntzer, aunque se hubiera tragado al Espíritu Santo con plumas y todo.*

Y Müntzer le contestó:

—*Yo no creería en Lutero, aunque se hubiera tragado cien mil Biblias enteras.*

La revolución ocupó tierras, incendió castillos y enfrentó al ejército y al alto clero, pero al cabo de un año cayó derrotada.

Los vencedores mataron a miles de siervos alzados y cortaron la cabeza de Müntzer, que fue exhibida, como lección, en la plaza de la ciudad imperial de Mühlhausen.

# Ecos

A mediados del siglo diecisiete, las comunidades agrarias se multiplicaron en los campos ingleses, y sobrevivieron desafiando al todopoderoso reino de la nobleza.

Han pasado los siglos, y todavía resuenan los ecos de las palabras que dijo y escribió uno de los animadores comunitarios, Gerrard Winstanley:

*Hemos empezado a crear nuestro vivir y morir.*

*No buscamos el Paraíso en los cielos. El Paraíso se puede encontrar en cualquier parte del mundo material.*

*Padre es el espíritu de la comunidad, y Madre es la Tierra.*

*Al principio de los tiempos, Dios hizo el mundo. Ni una sola palabra dijo atribuyendo a un sector de la humanidad el derecho de mandar a los demás.*

*Cuando se inventó la propiedad privada, nacieron las clases sociales, en sociedades donde la mayoría trabaja en servidumbre o esclavitud para la minoría que monopoliza la tierra y los bienes que ella produce.*

*En la comunidad libre, las mujeres se casarán con los hombres que ellas deseen.*

*Las maravillas de la naturaleza serán de acceso público, en vez de ser el monopolio de los profesores. El conocimiento cubrirá el mundo, como las aguas cubren los mares.*

## ¿Se restableció el orden?

Los obreros, en huelga general, habían cometido el crimen de ocupar la ciudad de Guayaquil, sin disparar un tiro, y la habían gobernado durante algunos días de 1922, días de paz jamás vista en la región. Los nacidos para obedecer habían ocupado el lugar que Dios reservaba a los nacidos para mandar; y eso no se hace. El presidente de Ecuador dio *orden de tranquilidad, cueste lo que cueste.*

Y se anunció que se había restablecido el orden.

Pero en noviembre de cada año, vuelven las cruces al río Guayas. Son las cruces solidarias que en aquel entonces navegaron acompañando a los obreros asesinados y arrojados al río por mandato presidencial.

# Nidos unidos

Quizás la ayuda mutua y la conciencia comunitaria no son invenciones humanas.

Quizás las cooperativas de vivienda, pongamos por caso, han sido inspiradas por los pájaros.

Al sur de África y en otros lugares, centenares de parejas de pájaros se unen, desde siempre, para construir sus nidos compartiendo, para todos, el trabajo de todos. Empiezan creando un gran techo de paja, y bajo ese techo cada pareja teje su nido, que se une a los demás en un gran bloque de apartamentos que suben hacia las más altas ramas de los árboles.

# La otra escuela

Ernesto Lange se crió en los campos de San José, en Uruguay. Los gorriones acompañaron su infancia. Al atardecer, miles de gorriones se reunían en los ramajes de los árboles y juntos cantaban: cantando decían adiós al sol que se iba, y cuando caía la noche cantando seguían. Eran feítos los gorriones, pero sonaba lindo ese coro que sin falta se reunía para cantar dando las gracias al sol que les había dado calor y luz.

La historia de Ernesto me hizo recordar lo que hace muchos años descubrí en un parque de Gijón: los pavos reales, las aves de más deslumbrante hermosura, desplegaban allí en soledad su abanico de plumas de colores y, llorando en soledad, gritaban alaridos, sin juntarse con nadie, mientras la noche crecía y el día moría.

# La militante

Nina de Campos Melo, nieta de esclavos, nació en 1904.

Desde los doce años, tuvo que hacerse cargo de sus cinco hermanos menores.

La piel negra no la ayudaba a encontrar empleo en la ciudad de San Pablo, pero se las arregló para limpiar y cocinar en varias casas de familia, de sol a sol, con los niños a cuestas.

Tenía veinte años cuando fue elegida presidenta del sindicato de empleadas domésticas.

Desde entonces, se dedicó a ayudar a las mujeres que habían nacido, como ella, condenadas a servidumbre perpetua.

Murió a los ochenta y cinco años.

En el entierro, no hubo discursos.

Todas sus compañeras estuvieron allí. La despidieron cantando.

# La costurera

Cosía los mejores jubones, chalecos que eran elegantes corazas contra el frío, y en la ciudad de La Paz no había quien compitiera con ella en la calidad y el buen gusto de todas las ropas que creaba.

Pero la maestría de Simona Manzaneda llegaba mucho más allá. Esta costurera de manos delicadas y voz suavecita actuaba contra el poder colonial. Entre sus paños hilvanados y los pliegues de sus múltiples polleras escondía mapas, cartas, instrucciones y mensajes que mucho ayudaron a la libertad de esa tierra que ahora se llama Bolivia.

Y Simona cosió y conspiró hasta que fue delatada.

Y le cortaron las trenzas y le raparon el pelo, y montada en un burro la hicieron desfilar, desnuda, por la plaza principal, y la fusilaron por la espalda después de aplicarle cincuenta latigazos.

Ni una queja se le escuchó. Ella sabía que no moría por error.

# La peligrosa

En noviembre de 1976, la dictadura militar argentina acribilló la casa de Clara Anahí Mariani y asesinó a sus padres.

De ella, nunca más se supo, aunque desde entonces figura en la Dirección de Inteligencia de la Policía de la Provincia de Buenos Aires, en la sección reservada a los *delincuentes subversivos*.

Su ficha dice:

*Extremista*.

Ella tenía tres meses de edad cuando fue catalogada así.

# El ojo del amo

En los tiempos de Al Capone, el espionaje no gozaba de alto prestigio, porque violaba la libertad y la privacidad de los ciudadanos de los Estados Unidos.

Años después, el espionaje se ha convertido en un deber patriótico.

Ahora lo aplauden casi todos, porque opera contra los subversivos que invocan los derechos humanos para servir al terrorismo internacional, como es el caso de algunos sospechosos amigos del autor de este libro.

# Héroes admirables, huéspedes indeseables

A principios del siglo diecinueve, los jefes de la lucha por la independencia de Chile no ocultaban su admiración por la resistencia indígena, que era el hueso más duro de roer para los conquistadores españoles.

Los primeros núcleos anticoloniales se identificaban con los guerreros mapuches Caupolicán o Lautaro.

Pero algunos años después, ya los principales periódicos aplaudían la guerra contra los indios, a quienes llamaban *huéspedes indeseables de la patria chilena*.

Ahora los llaman *terroristas*, porque cometen el crimen de defender las tierras que les roban.

# Sanguijuelas

Durante varios siglos, estas viboritas figuraron entre los principales artículos de importación de los países europeos.

Los médicos creían que las sanguijuelas, que chupaban la sangre, curaban a los enfermos.

No hace mucho, aplicando el sentido común se descubrió que esas sangrías no ayudaban a los enfermos, sino que los debilitaban y les apresuraban la muerte.

Ha pasado el tiempo. Ahora, las sanguijuelas modernas, que te venden buena salud mientras te acompañan al cementerio, ya no tienen aquel aspecto más bien repulsivo, sino que operan, en la minería y en muchos otros rubros, como honorables empresas.

# Aleluya

Un mediodía de mediados de 1972, se celebró una inolvidable ceremonia religiosa en la ciudad de Quito.

Fue la gran noticia en los diarios, en la tele y en las radios, y no se habló de otra cosa en los mentideros de la ciudad.

La liturgia alcanzó su momento culminante cuando la multitud cantó el himno patrio, los rostros bañados en lágrimas, mientras sonaba el clarín y el homenajeado se elevaba hacia la cumbre del Templete de los Héroes.

Allá arriba brillaba, a toda luz, el altar construido para la gran ocasión.

Al centro del altar, envuelto en flores, estaba el homenajeado: el primer barril de petróleo que la empresa Texaco había extraído en Ecuador.

La multitud, arrodillada, le estaba rindiendo devoción.

El general Guillermo Rodríguez Lara, un dictador de buen corazón que había regalado el petróleo a la empresa, anunció:

—¡*Vamos a sembrar petróleo! ¡Una nueva era ha nacido!*

Después, se supo: había comenzado una de las más feroces matanzas de la naturaleza en toda la historia de la selva amazónica.

# La Virgen privatizada

Lo que no es rentable no merece existir, ni en la tierra ni en el cielo.

En el año 2002, la Virgen de Guadalupe, madre y símbolo de México, fue vendida dos veces.

En marzo, la empresa multinacional Viotran se comprometió a pagar doce millones y medio de dólares por la propiedad de la imagen de la Virgen por cinco años. El contrato, firmado por el rector de la Basílica de Guadalupe con el respaldo del cardenal Norberto Rivera, bendecía todos los artículos religiosos que la empresa fabricara.

Pero en julio del mismo año, el empresario chino Wu You Lin registró la marca de la Virgen, a un precio mucho menor y por un plazo mucho mayor.

Ya no se sabe a quién pertenece.

# El bienvenido

En el año 1982, la ciudad uruguaya de Fray Bentos fue Hollywood por unos poquitos días.

Un gentío jamás visto ovacionó a la jamás vista limusina negra, que traía al jeque árabe Abubaker Bakhasbab, acompañado por una jamás vista comitiva de damas vestidas para las mil y una noches.

Durante su estadía en Uruguay, el salvador de nuestra economía en crisis prodigó promesas: fabulosas inversiones, empleos en cantidad, salarios altísimos y jugosos intereses para quien quisiera multiplicar sus ahorros en un santiamén.

Nadie pudo resistir la tentación, hasta que una noche el jeque se evaporó con toda la comitiva.

No dejó de recuerdo ni un solo anillo de los muchos que poblaban sus dedos, pero en cambio empapeló la ciudad con cheques sin fondos.

La fugaz visita resultó profética: veinte años después llegaron poderosas empresas extranjeras, con la noble intención de repetir la historia.

# Las puertas del Paraíso

En el año 2009, el pueblo de Moatize, en Mozambique, despertó convertido en la mayor fuente de carbón del mundo entero.

Los pobladores de toda la vida fueron obligados a abandonar sus querencias, mientras esas tierras eran devoradas por empresas que venían de muy lejos a celebrar el descubrimiento.

Las minas de carbón agotaron el agua y convirtieron el pueblo de Moatize en sucursal del Infierno.

Los campesinos todavía esperan las tierras fértiles que les habían prometido.

Recibieron suelos de piedra.

# Viaje al Infierno

Hace ya algunos años, durante una de mis muertes, visité el Infierno.

Yo había escuchado que en esos abismos te sirven el vino que prefieras y los manjares que elijas, amantas y amantes para todos los gustos, música bailandera, gozadera infinita...

Y una vez más confirmé que la publicidad miente. El Infierno promete la gran vida, pero yo no encontré nada más que un gentío haciendo fila.

La larguísima fila, que se perdía de vista en esos desfiladeros humeantes, estaba formada por mujeres y hombres de todos los tiempos, desde los cazadores de las cavernas hasta los astronautas del espacio sideral.

Ellas y ellos estaban condenados a esperar. A esperar desde siempre y para siempre.

Eso descubrí: el Infierno es la espera.

# Mi cara, tu cara

Según dicen los que saben, los delfines se reconocen en el espejo.

Cada delfín identifica la imagen que el espejo le devuelve.

También nuestros primos, los chimpancés, los orangutanes y los gorilas, se miran al espejo y no tienen dudas: este soy yo.

A nosotros, en cambio, la cosa nos resulta más complicada. Ocurre en esos días de bajón y mala racha, lindos días para recibir noticias tristes y comer sopa de clavos: al iniciar esos días enemigos, uno piensa quién será este tipo que me mira, de quién carajo será esta cara que estoy afeitando.

# Máscaras

En el África negra, las máscaras son las caras verdaderas. Las otras caras esconden, las máscaras delatan.

Según como se miren, de frente o de perfil, de cerca o de lejos, desde arriba o desde abajo, las máscaras africanas revelan, por la magia de su arte, las diversas personas que cada persona es, las vidas y las muertes que cada vida contiene, porque cada uno es más que uno, y las máscaras no saben mentir.

# El zapatazo

Rafael Bieber lo alzó en una mano:

—*Este zapato, así como lo ves, tiene su historia.*

Y me contó que ese había sido el zapato de un paciente que no podía respirar.

A veces alguna máquina o ciertas pastillas le abrían el pecho por un rato, pero el aire se iba y ya no volvía, por mucho que el asfixiado lo llamara.

Una noche, el sufriente paciente arrojó ese zapato contra la ventana cerrada. Y por fin el aire entró en su casa y en su cuerpo, y algo pudo dormir, al cabo de tantas noches enemigas.

Cuando despertó, el suelo estaba todo regado de trozos de vidrio.

No era la ventana, ninguna ventana: era lo que quedaba del espejo, su espejo, que el zapatazo había roto en mil pedazos.

# El médico

Shen Nong, el dios chino de los labradores, sentía honda compasión por las víctimas del agua contaminada y las plantas venenosas. Él enseñó a los campesinos a distinguir lo bebible de lo imbebible y lo comible de lo incomible y así, salvando vidas, se convirtió en el divino patrono de la medicina.

¿Hubiera podido Shen Nong realizar su obra benefactora en nuestros días? ¿En este tiempo nuestro, cuando los patos tienen asma, las palomas sufren alergias y las garzas escupen el agua envenenada de los ríos?

# La paz del agua

No está integrado por juristas el tribunal más justo del mundo —que es, además, el más antiguo de Europa—.

El Tribunal de las Aguas fue fundado en Valencia en el año 960, y desde entonces se reúne todos los jueves, al mediodía, en una puerta de la catedral que había sido mezquita.

Esta justicia no viene de arriba, ni de afuera: los jueces son los labradores que cultivan sus propias tierras, y entre ellos resuelven los litigios por el agua de las ocho acequias que riegan las huertas de Valencia.

Las acequias son, como el tribunal, una herencia de la España musulmana.

# Había una vez un río

El Ganges, el río sagrado que atraviesa la India, nació de los siete pasos del dios Visnú, que dejó su huella en las piedras de las siete regiones.

El río era la encarnación de Ganga, la más linda de las diosas, que tenía su casa entre las estrellas hasta que se le ocurrió venirse a vivir en este asesino mundo.

Hasta hace unos cuantos años, los peregrinos acudían al Ganges a beber el agua de la inmortalidad.

Ahora, esa agua mata.

El Ganges, uno de los ríos más contaminados del mundo, enferma a quien lo bebe y a quien come alimentos regados por sus aguas.

# Había una vez un mar

Era lago, uno de los cuatro lagos más grandes del mundo, y por eso lo llamaban mar, mar de Aral.

Poco queda de aquellas aguas, envenenadas por la basura industrial y los residuos de los fertilizantes químicos y abandonadas por los ríos que los ingenieros desviaron.

El agua dulce se hizo salada y la sal esterilizó la tierra.

Unos pocos barcos, que fueron pesqueros y ahora son fantasmas, yacen enterrados en las orillas.

A veces se escuchan voces anunciando la resurrección. Nadie les cree.

# Habrá que mudarse de planeta

*Dios prohíbe que la India siga alguna vez el camino del desarrollo al estilo occidental. El imperialismo económico de una sola isla pequeña, el reino británico, tiene al mundo entero encadenado. Si nuestra nación, con trescientos millones de habitantes, aplicara ese modelo, seríamos langostas capaces de dejar al mundo entero desnudo.*

(Mahatma Gandhi, octubre de 1926)

# Una nación llamada Basura

En 1997, el navegante Charles Moore descubrió al sur del océano Pacífico un nuevo archipiélago, hecho de basura, que ya era tres veces más grande que toda España.

Las cinco islas que forman este inmenso basurero se alimentan de plásticos, neumáticos usados, fierros viejos, residuos industriales y minerales, y muchísimos otros desperdicios que la Civilización arroja desde las ciudades hacia la mar abierta.

En el año 2013, se inició una campaña para otorgar categoría de estado a esta nueva nación, que bien podría tener bandera propia.

# Aprendices de brujos

Desde principios de este milenio, hay expertos que trabajan para salvar a la humanidad en laboratorios dignos del doctor Frankenstein.

Se han instalado en las islas Caimán, pero no para evadir impuestos, como podrían pensar los malpensados, sino para inventar nuevos métodos para acabar con el recalentamiento del planeta y otras maldiciones.

Para combatir el desastre climático, han sembrado nubes en el cielo mientras enfriaban la tierra lanzando cañonazos de azufre a la atmósfera y a la estratósfera. Y para acabar con los mosquitos, han generado millones de machos estériles, los mosquitos transgénicos, que engañan a las mosquitas con promesas de amor pero jamás se reproducen.

# Autismo

Mientras la publicidad ofrece, en la tele, cuerpos de automóviles más eróticos que los desnudos humanos, la divinización de las ruedas y el desuso de las piernas se están convirtiendo en una enfermedad universal.

A principios de este siglo, las encuestas internacionales revelaron datos elocuentes: la mayoría de la gente contestó que la peor desgracia que te puede ocurrir es que te roben el automóvil y no puedas recuperarlo.

# Adivinanza

Los amigos se reunieron en un gran banquete, con una única condición: iban a comer con los ojos vendados.

Al final, el cocinero pidió:

—*Que cada boca diga qué es lo que ha comido.*

La mayoría opinó:

—*Tiene gusto a pollo.*

Ese era el único animal que no figuraba en el menú, pero nadie discutió el asunto. Al fin y al cabo, ya ni el pollo tiene gusto a pollo, porque ahora todo tiene gusto a todo y a nada, y en estos tiempos de uniformización obligatoria los pollos se fabrican en serie, como los mariscos y los peces.

Y como nosotros.

# El precio de las devociones

Veinticinco mil elefantes caen asesinados, cada año, a golpes de hacha o acribillados desde los helicópteros, para que sus colmillos se conviertan en objetos de devoción religiosa.

Es muy alta la cotización del marfil para la fabricación de ángeles del cielo y santos de la tierra.

De las matanzas de elefantes provienen las más lujosas esculturas de la Virgen Santísima con el Niño en brazos, el sagrado Niño que simboliza la Bondad y la Piedad, y los colmillos de los elefantes masacrados hacen posibles las más conmovedoras imágenes de la agonía de Jesús.

# Profecías

¿Quién fue el que mejor retrató el poder universal, con un siglo de anticipación?

No fue un filósofo, ni un sociólogo, ni un politólogo.

Fue un niño llamado Nemo, que allá por 1905 publicaba sus aventuras, dibujadas por Winsor McCay, en el diario *New York Herald*.

Nemo soñaba el futuro.

En uno de sus sueños más certeros, llegó hasta Marte.

Ese desdichado planeta estaba en manos del empresario que había aplastado a sus competidores y ejercía el monopolio absoluto.

Los marcianos parecían tontos, porque hablaban poco y poco respiraban.

Nemo supo por qué: el amo de Marte se había hecho dueño de las palabras y del aire.

Las claves de la vida, las fuentes del poder.

# Magos

En el año 2014, el Fondo Monetario Internacional propuso una fórmula infalible para la salvación universal contra la crisis económica:

*Bajar el salario mínimo.*

Los expertos del FMI habían descubierto que ese recorte iba a aumentar la oferta de empleos a la población joven: los jóvenes ganarían menos, pero podían compensar la diferencia trabajando más.

Tan generosos cerebros merecen la gratitud universal. Pero van pasando los días y los años, y todavía no se ha puesto en práctica, en escala universal, esa genial invención.

# Brevísima síntesis
## de la historia contemporánea

Desde hace ya algunos siglos, los súbditos se han disfrazado de ciudadanos y las monarquías prefieren llamarse repúblicas.

Las dictaduras locales, que dicen ser democracias, abren sus puertas al paso avasallante del mercado universal. En este mundo, reino de libres, todos somos uno. Pero ¿somos uno o somos ninguno? ¿Compradores o comprados? ¿Vendedores o vendidos? ¿Espías o espiados?

Vivimos presos tras barrotes invisibles, traicionados por las máquinas que simulan obediencia y mienten, con cibernética impunidad, al servicio de sus amos.

Las máquinas mandan en las casas, en las fábricas, en las oficinas, en las plantaciones agrícolas, en las minas y en las calles de las ciudades, donde los peatones somos molestias que perturban el tráfico. Y las máquinas mandan también en las guerras, donde matan tanto o más que los guerreros de uniforme.

# Informe clínico de nuestro tiempo

La ciencia médica llama *síndrome de Jerusalén* a la enfermedad que allí sufren numerosos turistas.

Esos visitantes de la ciudad santa, capital de tres religiones, sienten la súbita revelación divina: ellos son personajes de la Biblia, y desde cualquier silla o banquito vociferan, en plena calle, bíblicos sermones, dictados por Dios, que anuncian a los desobedientes el castigo eterno en las llamas del Infierno.

Lejos de Jerusalén, una parecida enfermedad suele atacar a los huéspedes de la Casa Blanca y a otros presidentes que han recibido, directamente del cielo, la orden de exterminar a los pecadores.

# Sabidurías/1

La recuerdo, la veo: la mamá del Pepe Barrientos, hamacándose en la mecedora, rodeada por el verderío de las plantas en su rancho del barrio del Buceo.

La picardía daba luz a sus ojos, hundidos en la piel oscura, surcada por mil arrugas, mientras el Pepe y yo nos quejábamos, a dos voces, de los malos amigos que en el barrio o en el trabajo se sentían obligados a ser más que los demás, y andaban a los codazos, simulando abrazos.

Y entonces la vieja, que era de hablar poco y decir mucho, sentenció:

—*Pobre la gente que vive midiéndose.*

# Lo que el río me contó

Allá por 1860 y pico, el Gauchito Gil fue colgado de los pies y degollado por las fuerzas del orden.

Desde entonces, en Corrientes y en otras provincias del norte argentino, proliferan los santuarios populares que rinden homenaje a su memoria y le piden ayudas para aguantar la vida y evitar la muerte.

El Gauchito Gil, santificado por el pueblo que le tiene devoción, había sido condenado por crímenes inventados. Él sólo había cometido el delito de deserción: se había negado a sumarse a las filas de soldados argentinos, brasileños y uruguayos que invadieron el Paraguay y en cinco años de carnicerías no dejaron rancho en pie ni hombre con vida.

—*Yo no voy a matar a mis hermanos paraguayos* —dijo el Gauchito Gil, y eso fue lo último que dijo.

# El héroe

Orlando Fals Borda me contó esta triste historia, que ocurrió en Colombia, durante la guerra de los mil días.

Mientras nacía el siglo veinte, el general José María Ferreira estaba peleando en los alrededores del río Magdalena. En una hábil maniobra, avanzó en sentido opuesto a sus soldados y se refugió en el hueco de una ceiba, que era el único árbol digno de respeto que se alzaba en la inmensa nada.

Acurrucado, esperó.

Él veía las balas, avispas que zumbaban buscándolo, y se puso a tartamudear oraciones, suplicando *ceiba, ceibita, no me abandones,* hasta que por fin perdió el control de su cuerpo y murmuró:

—*Si la sangre huele a mierda, estoy herido.*

Menos mal que sólo la ceiba lo escuchó.

Ella sabe guardar los secretos humanos.

# El cronista

El 18 de agosto de 1947, explotó un depósito de torpedos en el barrio de San Severiano, en Cádiz.

Juan Martínez, el Pericón, contó esa calamidad de muy gaditana manera:

—*Había dos marineros de guardia en la entrada. Quedaron como papel de fumar, pegaos a la paré.*

—*Un chiquillo vestío anduvo dando volteretas por el aire, y cuando cayó estaba desnúo.*

—*Fue una locura. El que no se daba un tiro, se colgaba del pescuezo, tós cagaítos del susto.*

—*Yo iba a beber, pero no pude. El pico de la botella se dobló y se quedó mirando p'bajo.*

—*En el puente, la explosión se llevó la cabeza de un borrico, y el resto siguió andando.*

—*Nos salvaron las murallas que nos cuidan la ciudad. Ellas mandaron las bombas al cielo. Yo vi las estrellas corriendo p'arriba.*

Pero diez días después, en la plaza de toros de Linares, Manolete murió de una cornada. Y en Cádiz nadie más habló de la catástrofe.

# Pleitos

En julio del año 2004, el pueblo de San Roque, en Cádiz, se partió en dos: una mitad estaba con la vaca, de propiedad privada, y la otra mitad era favorable al burro, que pertenecía al municipio.

El hecho es que un vecino planteó una demanda judicial, exigiendo una indemnización porque el burro había perseguido a la vaca con deshonestas intenciones. La vaca, huyendo del acoso, se precipitó al vacío y murió. El abogado del burro alegaba que la vaca lo había provocado al salir al campo completamente desnuda y con las tetas al aire.

El abogado de la difunta vaca exigía una indemnización, porque su cliente había sido víctima de acoso sexual.

Otros abogados se sintieron tentados de meter la jurídica cuchara en el asunto. La difunta vaca y el burro quedaron sumidos en el olvido.

# La más prestigiosa crónica

Julio César fue el corresponsal de guerra de sus propias campañas.

Él se ocupó de escribir, para la posteridad, el muy meticuloso relato de sus hazañas.

Los *Comentarios a la guerra de las Galias* fueron su obra más famosa. El tiempo convirtió en un clásico esa exaltación de los méritos militares del autor, que ninguna atención prestó a los sacrificios de sus soldados, que jamás se quejaban ni se cansaban.

Julio César, emperador y dios, cronista de sí mismo, consagró todo su talento literario al homenaje a esa invasión que mató a un millón de galos y condenó a la esclavitud a los sobrevivientes.

# El callado

Lo llaman Barbero, aunque no afeita ni corta el pelo.

Vive en las profundidades de los mares tropicales, y de allí no sale.

Atiende cerca de los arrecifes de coral, en su barbería custodiada por anémonas y esponjas de colores.

En largas filas, esperan los peces sucios de bacterias, parásitos y hongos.

Él los limpia, siempre en silencio.

Este es el único barbero que no habla. Ni una palabra, nunca.

# El cuentacuentos

El Caimán de Sanare había nacido en un caserío de Barquisimeto, donde vivían muchos fantasmas que le acompañaron la infancia.

De ellos hablaban sus cuentos:

el que hacía cantar a los murciélagos;

el zapallo donde habitaba el duende que comía gente;

los cinco diablos que curaban a los asustados;

el brujo que te daba vuelta la nuca, para que sólo pudieras caminar para atrás;

el que tumbaba las montañas enlazándolas con una soga;

el que cazaba palomas a tanta altura que demoraban años en caer;

el que usaba una chaqueta con alas, que volando lo llevaba de un pueblo al otro, hasta que se la robó el río Yacambú, que se aburrió de nadar y quiso volar.

# El cantor

El armadillo había querido cantar desde el lejano día en que nació en un arenal de Oruro.

Cada vez que caían las primeras gotas de alguna lluvia, él marchaba hacia el estanque, con sus cortas patas de lento andar, para escuchar el canto de las ranas.

Las ranas cantaban jugando, y en vano el armadillo intentaba hacerles eco. Las ranas, los grillos y los pájaros se burlaban de su voz gruñona.

Y así fue hasta que el hechicero Sebastián Mamani ofreció otorgarle la divina gracia del canto, si él le entregaba el caparazón que lo cubría.

Y entonces ocurrió que esa coraza, liberada del cuerpo, se convirtió en melodioso instrumento.

Y en ella, desde ella, el armadillo, que también responde al nombre de quirquincho, cantó. Y cantando sigue.

# El músico

En Kashi, la ciudad sagrada de los tamiles de la India, vivía y sonaba el más desafinado flautista del mundo.

Le pagaban muy bien, para que tocara muy mal.

Al servicio de los dioses, su flauta atormentaba a los demonios.

Los habitantes de Kashi lo tenían encadenado a un árbol, para que no huyera. Desde Kerala, Mysore y otras ciudades llovían fabulosas ofertas.

Todos querían tener al maestro en el difícil arte de ser espantoso.

# La poeta

Fue llamada Phillis, porque así se llamaba el barco que la trajo, y Wheatley, que era el nombre del mercader que la compró.

Había nacido en Senegal.

En Boston, los negreros la pusieron en venta:

—*¡Tiene siete años! ¡Será una buena yegua!*

Fue palpada, desnuda, por muchas manos.

A los trece años, ya escribía poemas en una lengua que no era la suya.

Nadie creía que ella fuera la autora.

A los veinte años, Phillis fue interrogada por un tribunal de dieciocho ilustrados caballeros con toga y peluca. Tuvo que recitar textos de Virgilio y Milton y algunos pasajes de la Biblia, y también tuvo que jurar que los poemas que había escrito no eran plagiados.

Desde una silla, rindió su largo examen, hasta que el tribunal la aceptó: era mujer, era negra, era esclava, pero era poeta.

# La viciosa

En Montevideo, a principios del siglo diecinueve, el capitán José Bonifacio de Toledo pagó trescientos pesos por una negra de dieciocho años de edad, llamada Marta.

Ella era la esclava de mejor conducta, *libre de vicios y defectos*, pero a los pocos días el comprador exigió que le devolvieran el dinero. Marta tenía un vicio, el peor de todos: a la menor oportunidad, se escapaba sin dejar huella de sus pasos.

Al cabo de muchas fugas, su nuevo dueño la encadenó.

Atada de pies y manos con grilletes de hierro, la viciosa no se quejaba. En silencio aceptaba el castigo.

Pero pocos días después, se evaporó.

En la celda quedaron cuatro argollas de hierro y una larga cadena intacta.

De ella, nunca más se supo.

# El bautismo

Fue el médico inglés Samuel Cartwright quien bautizó al desorden mental que empujaba a los esclavos a la fuga.

Esta locura seguía sin tener remedio, pero al menos tenía nombre, gracias a la buena voluntad de este doctor: se llamaba *drapetomanía*.

# La secuestrada

Un día del año 1911, la Gioconda desapareció del Museo del Louvre.

Cuando la desaparecida reapareció, al cabo de dos años de búsqueda, se comprobó que el robo no había borrado la sonrisa más misteriosa del mundo: había multiplicado su prestigio.

# La dama de la lupa

Fue novelista y arqueóloga.

Descifrando crímenes enigmáticos o excavando ruinas milenarias, Agatha Christie respondía a los mismos desafíos.

Son reveladores los títulos de sus libros: *Asesinato en Mesopotamia, Intriga en Bagdad, Muerte en el Nilo, Cita en Jerusalén, Asesinato en el Orient Express...*

Quizás ella sospechaba que las antiguas civilizaciones esconden los crímenes y los robos que les han dado origen, y la curiosidad la empujaba a perseguir esas pistas borradas, esas huellas mentidas: el detective Hércules Poirot, por ella inventado, le prestaba la lupa.

# La ídola

Cuando se retiró del cine, el mundo entero quedó viudo de ella.

Había nacido con otro nombre, y por su helada belleza había merecido llamarse la Divina, la Esfinge Sueca, la Venus Vikinga...

Medio siglo después del adiós, Justo Jorge Padrón, poeta español que hablaba sueco con acento canario, estaba mirando la vidriera de una tienda de discos, en Estocolmo, cuando en el cristal descubrió el reflejo de una mujer alta y altiva, envuelta en pieles blancas, parada a sus espaldas.

Él se dio vuelta y la vio, mentón alzado, grandes lentes oscuros, y dijo que sí, dijo que no, que era, que no era, que podía ser, y de puro curioso le preguntó:

—*Disculpe, señora, pero... ¿usted no es Greta Garbo?*

—*Fui* —dijo ella.

Y con lentos pasos de reina, se alejó.

# La primera jueza

Se llama Léa Campos, es brasileña, fue reina de belleza en Minas Gerais y sigue siendo la primera mujer que ha ejercido el arbitraje en diversos campos de fútbol de Europa y de las Américas.

Obtuvo el título tras cuatro años de cursos y exámenes, con diploma y todo, pero más fuerte que sus silbatos suenan todavía los silbidos del público de machos indignados contra la intrusa.

El árbitro había sido siempre árbitro, y nunca árbitra. El monopolio masculino se rompió cuando Léa conquistó el mando supremo en las canchas, ante veintidós hombres obligados a obedecer sus órdenes y someterse a sus castigos.

Algunos dirigentes del fútbol brasileño fueron los primeros en denunciar el sacrilegio. Hubo quienes amenazaron con su renuncia, y otros invocaron dudosas fuentes científicas que demostraban que la estructura ósea de la mujer, inferior a la del hombre, le impide cumplir con tan extenuante tarea.

# Otra intrusa

¿Juan era Juana? ¿Una mujer ocupó el trono de san Pedro, durante dos años, un mes y cuatro días?

Hay quienes dicen que la papisa Juana gobernó el Vaticano desde el año 855. ¿Fue, no fue? ¿Verdad histórica o pura leyenda? Pero ¿por qué este asunto sigue desatando la indignación de la Iglesia y el escándalo público?

¿Tan grave fue, tan grave es?

En otras religiones, hay dioses y diosas y los sacerdotes pueden ser sacerdotisas. ¿Será por eso que hay quienes creen que esas religiones son meras supersticiones?

Y digo yo, pregunto, no sé: ¿no se aburren los machos solteros que ejercen el unicato del poder en la Iglesia católica?

# Bendito seas, Dalmiro

Tengo la suerte de vivir en una calle de Montevideo que lleva el nombre de un artista, el músico uruguayo Dalmiro Costa, lo que es un milagro en esta ciudad cuyas calles se llaman con nombres de militares, políticos y egregias figuras de la historia universal.

# El derecho al saqueo

En el año 2003, Samir, un veterano periodista de Irak, estaba visitando algunos museos de Europa.

Museo tras museo, encontraba maravillas escritas en Babilonia, héroes y dioses tallados en las colinas de Nínive, leones que habían volado desde Asiria...

Alguien se acercó, le ofreció ayuda:

—¿*Llamo a un médico?*

Samir, agachado, tenía la cara estrujada entre las manos.

Tragándose las lágrimas, balbuceó:

—*No, por favor. Estoy bien.*

Y después, explicó:

—*Simplemente me duele ver cuánto han robado y cuánto robarán.*

Dos meses después, las tropas norteamericanas lanzaron su invasión. El Museo Nacional de Bagdad fue desvalijado. Se perdieron ciento setenta mil obras.

# Te lo juro

En el año 2014, por mil y una vez, las Naciones Unidas prometieron solemnemente promover un referéndum para decidir si la población del Sahara occidental votaba por su independencia o prefería seguir siendo un botín robado por Marruecos.

Una vez más, milésima vez, las Naciones Unidas juraron respetar y hacer respetar el resultado.

Pero esa consulta colectiva jamás se realizó, por un simple motivo: Marruecos se negó a cumplir el compromiso contraído ante los ojos del mundo y siguió siendo dueña y señora de la tierra y la gente saharaui, del suelo y del subsuelo ricos en minerales y de las aguas de la mar pobladas por una incontable multitud de peces.

Los patriotas saharauis siguieron proclamando, en vano, su voluntad de independencia, y muchos fueron a parar a la cárcel o al cementerio por el imperdonable crimen de luchar por ser libres.

# Las guerras del futuro

En el año 2012, Brandon Bryant trabajaba en una base aérea en un desierto norteamericano de Nuevo México.

Era un piloto sin avión, que mediante catorce pantallas y varios teclados teledirigía a los aviones sin piloto, los llamados *drones,* a diez mil kilómetros de distancia.

En cierta ocasión, apareció en las pantallas una casa de campo de Afganistán, con establo y todo. Se veía hasta el último detalle.

Quince segundos: desde la lejanía, el comando dictó la orden de fuego. Diez segundos: Brandon advirtió al comando que en una de las pantallas había visto un niño que corría en torno a la casa. Seis segundos: se repitió la orden. Cinco segundos: Brandon oprimió el botón. Tres segundos: el *dron* dejó caer un misil. Dos segundos: un fogonazo, una explosión, el misil derrumbó la casa, la casa desapareció y el niño también.

Sólo quedó el humo.

—*¿Dónde está el niño?* —preguntó Brandon.

La máquina no respondió.

Brandon repitió la pregunta.

Por fin, la máquina dijo:

—*No era un niño. Era un perro.*

—*¿Un perro de dos piernas?*

Y Brandon Bryant renunció a la carrera militar.

# La guerra contra las guerras

Mientras nacía el siglo veintiuno, murió Bertie Felstead, a los ciento seis años de su edad.

Había atravesado tres siglos, y era el único sobreviviente de un insólito partido de fútbol, que se jugó en la Navidad de 1915. Jugaron ese partido los soldados británicos y los soldados alemanes, en una cancha improvisada entre las trincheras. Una pelota apareció, venida no se sabe de dónde, y se echó a rodar, no se sabe cómo, y entonces el campo de batalla se convirtió en campo de juego. Los enemigos arrojaron al aire sus armas y corrieron a disputar la pelota.

Los soldados jugaron mientras pudieron, hasta que los furiosos oficiales les recordaron que estaban allí para matar y morir.

Pasada la tregua futbolera, volvió la carnicería; pero la pelota había abierto un fugaz espacio de encuentro entre esos hombres obligados a odiarse.

# Revolución en el fútbol

Impulsados por un extraordinario jugador llamado Sócrates, que era el más respetado y el más querido, hace ya unos cuantos años, todavía en tiempos de la dictadura militar, los jugadores brasileños conquistaron la dirección del club Corinthians, uno de los clubes más poderosos del país.

Insólito, jamás visto: los jugadores decidían todo, entre todos, por mayoría. Democráticamente, discutían y votaban los métodos de trabajo, los sistemas de juego que mejor se adaptaban a cada partido, la distribución del dinero recaudado y todo lo demás. En sus camisetas, se leía: *Democracia Corinthiana*.

Al cabo de dos años, los dirigentes desplazados recuperaron la manija y mandaron a parar. Pero mientras duró la democracia, el Corinthians, gobernado por sus jugadores, ofreció el fútbol más audaz y vistoso de todo el país, atrajo las mayores multitudes a los estadios y ganó dos veces seguidas el campeonato de San Pablo.

# Sírvame otra Copa, por favor

La primera Copa Mundial de Fútbol se disputó en Uruguay, en 1930.

El trofeo, una copa modelada en oro puro sobre piedras preciosas, fue guardado por el dirigente del fútbol italiano Ottorino Barassi en una caja de zapatos bajo su cama, hasta que lo entregó a las autoridades de la FIFA.

En 1966, cuando culminó la Copa Mundial de Fútbol disputada en Inglaterra, el trofeo fue robado de una vitrina de Londres. Los mejores agentes de Scotland Yard no encontraban ninguna pista, hasta que un perro llamado Pickles encontró la Copa, envuelta en diarios, en un jardín suburbano de Londres. Pickles fue declarado héroe nacional.

El siguiente robo ocurrió en 1983. La Copa, convertida en lingotes de oro, desapareció en el mercado negro de Río de Janeiro.

Desde entonces, el ganador de cada campeonato mundial recibe una copia del trofeo, pero el original se mira y no se toca en un cofre de la FIFA en Zúrich.

# El ídolo descalzo

Gracias a Sailen Manna, el fútbol de la India ganó la medalla de oro en los juegos asiáticos de 1951.

Toda su vida jugó para el club Mohun Bagan sin cobrar salario, y nunca se dejó tentar por los contratos que los clubes extranjeros le ofrecían.

Jugaba descalzo, y en el campo enemigo sus pies desnudos eran conejos imposibles de atrapar.

Él siempre había llevado, en un bolsillo, a la diosa Kali, esa que sabe pelear de igual a igual contra la muerte.

Sailen tenía casi noventa años cuando murió.

La diosa Kali lo acompañó en el último viaje.

Descalza, como él.

# Yo confieso

Voy a revelar mi secreto.

No quiero, no puedo, llevármelo a la tumba.

Yo sé por qué Uruguay fue campeón mundial en 1950.

Aquella hazaña ocurrió por la valentía de Obdulio, la astucia de Schiaffino, la velocidad de Ghiggia. Sí. Y por algo más.

Yo tenía nueve años y era muy religioso, devoto del fútbol y de Dios, en ese orden.

Aquella tarde me comí las uñas, y las manos también, escuchando, por radio, el relato de Carlos Solé desde el estadio de Maracaná.

Gol de Brasil.

Ay.

Caí de rodillas, y llorando rogué a Dios, ay Dios, ay Diosito, haceme el favor, yo te lo ruego, no me podés negar este milagro.

Y le hice mi promesa.

Dios cumplió, Uruguay ganó, pero yo nunca conseguí recordar lo que había prometido.

Menos mal.

Quizás me salvé de andar musitando padrenuestros día y noche, durante años de años, sonámbulo perdido en las calles de Montevideo.

# La pelota como instrumento

En las Copas del Mundo de 1934 y 1938, los jugadores de Italia y de Alemania saludaban al público con la palma de la mano extendida a lo alto. *Vencer o morir,* mandaba Mussolini. *Ganar un partido internacional es más importante, para la gente, que capturar una ciudad,* decía Goebbels.

En el Mundial del 70, la dictadura militar del Brasil hizo suya la gloria de la selección de Pelé: *Ya nadie para a este país,* proclamaba la publicidad oficial.

En el Mundial del 78, los militares argentinos celebraron su triunfo, del brazo del infaltable Henry Kissinger, mientras los aviones arrojaban a los prisioneros vivos al fondo de la mar.

En el 80, en el Uruguay, la selección local ganó el llamado "Mundialito", un torneo entre campeones mundiales. La publicidad de la dictadura vendió la victoria como si hubieran jugado los generales. Pero fue entonces cuando la multitud se atrevió a gritar, por primera vez, después de siete años de silencio obligatorio. Se rompió el silencio, rugieron las tribunas:

*Se va a acabar, se va a acabar, la dictadura militar...*

# Tramposos, pero sinceros

El 14 de abril de 1997, la revista *Sports Illustrated* publicó una reveladora encuesta, dirigida por el prestigioso médico Bob Goldman, sobre el tema de las drogas en los deportes olímpicos.

La revista garantizó el anonimato a los atletas, que dijeron la verdad sin temor a las consecuencias.

La pregunta era:

*¿Aceptaría usted recibir una sustancia prohibida si le aseguraran que ningún control podrá detectarla y que usted ganará todas las competencias?*

Dijeron sí: 159 atletas.

Dijeron no: 3.

# Depravados

Unos cuantos siglos antes de que Europa se metiera en América, ya los mapuches, los tehuelches y otros indios sudamericanos culminaban sus fiestas jugando a perseguir una pelota con una rama de punta curva.

En 1764, el concilio de obispos reunido en Santiago de Chile condenó ese juego, por boca de su presidente, el obispo Manuel de Alday, *por su promiscuidad, por ser jugado por hombres y mujeres, todos mezclados.*

Ahora se llama *hockey*, y ya no es pecado.

# El condenado

En 1572, el poeta fray Luis de León fue encerrado en un calabozo de Valladolid.

En celda solitaria, pasó cinco años de su vida.

La Santa Inquisición lo había condenado por traducir a la lengua castellana el "Cantar de los Cantares", el libro de la Biblia que celebra el deseo humano y la humana pasión:

*Ábreme, amiga mía,*
*que esperando está este tu amado*
*a tu paloma.*
*Ábreme, que está el cielo lloviznando...*

*Más dulces que el vino son los besos de tu boca.*

# El prohibido

Nadie quería publicar las feroces ironías de Mark Twain contra las matanzas que las tropas imperiales norteamericanas cometían en las Filipinas y en otros lugares.

En 1901, comentó:

*Sólo los muertos tienen libertad de expresión.*
*Sólo los muertos tienen el derecho de decir la verdad.*

# El querido, el odiado

Monteiro Lobato, el escritor que más alegría ha dado y sigue dando a los niños de Brasil,

el que mejor supo enseñarles a amar los secretos de la tierra donde han nacido,

el más entrañable revelador del Brasil profundo,

el que pagó con cárcel su defensa del petróleo brasileño y su denuncia de la complicidad de los gobiernos con los gigantes que manejan el negocio del oro negro y otras riquezas minerales,

murió en 1948, a los sesenta y pocos años, sin casa y sin dinero.

Su nombre estaba prohibido en los diarios y en las radios y sus libros habían sido expulsados de las bibliotecas públicas y de las escuelas públicas y habían sido quemados en las iglesias, porque no trataban a la religión con el debido respeto.

# Bendita seas, risa, siempre

Darcy Ribeiro entraba y salía de la selva como si fuera su casa, y era.

Cargaba un equipaje modesto, un solo libro y nada más: una vieja edición española de Don Quijote de la Mancha.

Echado en la hamaca, balanceándose entre los árboles de la floresta amazónica, Darcy disfrutaba su libro preferido. En cada página soltaba una carcajada y los niños reían con él. Ninguno sabía leer, pero todos sabían reír.

# El tejedor

En Oaxaca, en el taller de Remigio Mestas, se aprende que la ropa está viva.

Hay curiosos que se asoman atraídos por la hermosura de los huipiles, los rebozos y los paños, pero ese no es más que el punto de partida de un hondo espacio de encuentro.

Remigio, indio zapoteca, ha organizado un grupo de tejedores de las más diversas comunidades mexicanas, que tejiendo recuperan sus raíces y su orgullo:

—*La ropa no es un trapo* —dice Remigio, y explica que las prendas de vestir tienen espíritu y trasmiten energía, cuando son nacidas de manos amantes.

—*La buena tela te dice: soy tu segunda piel.*

Y para comprobar que no miente, basta con tocar cualquiera de sus obras.

# El sombrerero

En un pueblito de Chiapas teje sombreros de palma Andrés de la Cruz González. Cada sombrero demora en nacer y ser. La palma, hervida, se pone tres días al sol y tres al sereno de la luna, que la blanquea.

Andrés protesta, en vano, porque los jóvenes prefieren las gorras importadas, pero él sigue defendiendo sus sombreros de palma fina, que protegen los sueños y los pensamientos que merecen ser recordados.

Él ha heredado de sus abuelos esas artes secretas, que trasmitirá a los hijos de sus hijos, para que nunca se rompa la cadenita del tiempo.

# Las telas y las horas

A pleno sol hila y teje el pueblo dogón, en la república africana de Mali.

Las telas, alimentadas por la luz, brillan y ríen. Sus autores las llaman *palabras*.

En cambio, son calladas y oscuras las telas hijas de la noche.

Nadie quiere tejer después del crepúsculo. Al irse, el sol cierra las puertas del cielo, y quien teje corre peligro de quedarse ciego.

# El carpintero

Daniel Weinberg pasó un buen tiempo buscando alguna imagen que mostrara a Jesús en el taller de carpintería, para ilustrar un libro de la Organización Internacional del Trabajo.

No había caso: en toda la historia del arte no aparecía el Cristo obrero.

Por fin, después de mucho preguntar, Daniel encontró, en Oaxaca, una madera pintada en 1960, de autor anónimo, que mostraba a la familia en pleno, y el niño Jesús estaba ayudando a su padre en la carpintería.

Rarísimo.

# El descubridor

Louis Pasteur no sólo inventó el método químico que lleva su nombre y defiende nuestros alimentos.

También descubrió, entre otras vacunas, la que nos salva de los animales enfermos de rabia.

Pero mucho más difícil fue su combate contra otra rabia: la rabiosa envidia de muchos de sus colegas.

A mediados del siglo diecinueve, los diarios de París discutían cuál sería el mejor manicomio donde encerrarlo: ¿Charenton o Sainte-Anne?

# El jinete de la luz

En 1895, cuando estaba saliendo de la infancia, Albert Einstein tuvo una visión que le abrió puertas desconocidas: soñó, o imaginó, que cabalgaba por los cielos montado en un rayo de luz.

Algunos años después, esas puertas condujeron a la teoría de la relatividad y otras iluminaciones.

# El escultor

En mayo de 1649, Sevilla perdió el aroma que siempre le había dado fama y consuelo.

Olía a muerte la ciudad de los azahares.

Atacada por la peste, la gente abría zanjas donde echarse a morir y los naranjos daban lástima en lugar de flores.

El escultor Juan Martínez Montañés, que a lo largo de sus muchos años había creado los Cristos y los santos de los templos sevillanos, quiso esculpir la fragancia perdida.

A esa tarea dedicó toda la energía que le quedaba, noche tras noche, día tras día.

Y tallando flores, murió.

Dicen que Sevilla resucitó porque él ofreció en sacrificio la poca vida que le quedaba. Y dicen que sus flores, las nacidas de sus manos, limpiaron el aire de la ciudad moribunda.

# El cocinero

En días antiguos, el rey de Maní de Yucatán entregó al cocinero un animal recién cazado y le encargó que le sirviera la parte mejor.

El rey saboreó la lengua asada.

Poco después, el rey entregó al cocinero otro animal recién cazado y le encargó que le sirviera la parte peor.

Y otra vez hubo lengua en el plato.

Y el rey se enojó, pero el cocinero tenía razón.

# El bombero

Desde que nació, Emilio Casablanca fue artista pintor y nochero incurable.

En una de sus largas bebederas, Emilio se perdió varias veces en los laberintos de la Ciudad Vieja de Montevideo, hasta que por fin consiguió encontrar la sede del Partido Socialista, donde tenía albergue. A duras penas subió hasta el altillo y en el colchón se desplomó. Un cigarrillo encendido le colgaba de una mano.

La noche se apagó y Emilio también. Pero el cigarrillo, no.

En la madrugada, el Pistola Dotti llegó a cumplir su habitual trabajo de limpiador, cuando sintió un olor acre en el aire.

El humo venía del altillo. El Pistola trepó la escalera de un salto y empujó la puerta: a través de la humareda, sus ojos ardidos pudieron adivinar las llamitas que brotaban de la cama donde Emilio dormía profundamente.

Estaba lejos el agua, allá en el baño o en la cocina, y el Pistola, así llamado desde aquella hazaña, no vaciló. Haciendo de tripas corazón, de un manotazo se bajó los pantalones. Y regó.

# Artistas

Lucio Urtubia, albañil anarquista, producía cheques perfectos, pero falsos, para sabotear la dictadura española.

Los gobiernos fabricaban dinero para financiar la especulación, mientras Lucio soñaba con financiar la revolución. Además, en sus horas libres, asaltaba bancos, mientras los bancos asaltaban países.

Otro falsificador de aquella época, Adolfo Kaminsky, era tintorero y dibujante. Gracias a sus buenos oficios, muchos perseguidos lograron huir vestidos con uniformes militares de color cambiado. Y en plena ocupación nazi, en la aterrorizada ciudad de París, Adolfo nunca dormía. Pasaba las noches falsificando documentos de identidad, certificados de bautismo y salvoconductos, a un ritmo de treinta por hora.

# El difunto

En 1975, Lal Bihari solicitó un certificado de nacimiento en la municipalidad de Azamgarh, en el estado hindú de Uttar Pradesh.

Algún funcionario se equivocó y le entregó un certificado de defunción.

Desde entonces, Lal Bihari durmió en la calle, comió basura, hizo larguísimas colas, noche y día, de oficina en oficina, llenó formularios, firmó cartas, pidió auxilio a las iglesias y a las instituciones que ayudan a los desesperados, y aprendió cuán difícil resulta que un muerto consiga empleo o mujer.

Un abogado le aconsejó que se ahorcara, porque era imposible corregir los registros oficiales y Lal Bihari no podía probar que no se estaba haciendo el vivo.

Tampoco tenía un sindicato que lo defendiera.

Entonces él fundó la Asociación de Difuntos de la India. Fue el primer sindicato de muertos en el mundo.

# Papá va al estadio

En Sevilla, durante un partido de fútbol, Sixto Martínez me comenta:

—*Aquí hay un fanático que siempre trae al padre.*

—*Y sí* —digo—. *Padre futbolero, hijo futbolero.*

Sixto se saca los lentes, me clava la mirada:

—*Este que te digo viene con el padre muerto.*

Y deja caer los párpados:

—*Fue su última voluntad.*

Domingo tras domingo, el hijo trae las cenizas del autor de sus días y las sienta a su lado en las gradas. El difunto se lo había pedido:

—*Llévame a ver al Betis de mi alma.*

Al principio, el padre acudía al estadio en envase de vidrio.

Una tarde, los porteros impidieron la entrada de la botella, prohibida por la violencia en los estadios.

Desde entonces, el padre viene en envase de cartón plastificado.

# Huellas perdidas

Cada 2 de noviembre, los muertos mexicanos viajan a visitar a los vivos.

En ese día sagrado, día y noche de parranda corrida, los vivos y los muertos se juntan y comen y beben y bailan y cantan y cuentan.

Pero son muchos los muertos que se pierden en el camino, por más que los llamen las campanas y los rezos y por fácil que parezca seguir la ruta que las flores les señalan.

Ellos, los perdidos, se han ido hace tiempo, se han ido lejos, corridos por el hambre o los balazos, y lejos han muerto.

Ahora son pobres almas errantes, que sin destino vagan buscando la tierra natal, para reencontrarse, aunque sea por un día, un día nomás, con su gente que los espera: *mi gente, los míos.*

Pero ocurre que su gente también ha cambiado de domicilio y de todo lo demás, y ya lo que era no es lo que era ni está donde estaba, y no se sabe quién es quién ni quién es de dónde, si de aquí, si de allá o de ninguna parte.

# Ausente sin aviso

México, Día de Muertos, año 2012.

En el cementerio de Dolores no cabe un alfiler. Todo un pueblo se ha reunido para esperar a sus difuntos.

Pero el más esperado, Diego Rivera, artista pintor, otra vez pegó el faltazo.

Dicen que dijo:

—*Ni loco vengo. Tengo tres viudas enterradas aquí mismo, y no quiero que me arruinen la muerte.*

# La ofrenda

Alguna vez le pregunté a Fernando Benítez, que era sabio en vivos y muertos, por qué los difuntos que regresaban a México cada 2 de noviembre eran siempre, o casi siempre, difuntos, y nunca, o casi nunca, difuntas.

Él me contestó sin contestarme, contándome la triste historia de la finada Juana.

Fernando había escuchado esa desdicha en Cihualtepec, de boca de un tal Pafnucio, que se había quedado viudo de Juana y se había casado con otra, *porque yo no nací para solo*.

Y ya se venía la fiesta de los muertos y Pafnucio estaba lejos, muy lejos, trabajando, y le dejó el encargo a la nueva mujer: que le hiciera un altarcito a la finada Juana y le pusiera una ofrenda.

Y la nueva hizo el altarcito y de ofrenda le puso una piedra calentada al rojo vivo, *este manjar que te manda tu Pafnucio adorado*.

La difunta Juana recibió ese fuego en la boca y hasta la más lejana lejanía llegaron los alaridos.

—*Y pos figuresé* —contó Pafnucio—. *Al mero galope me volví, para hacer justicia. Y diga que soy, y siempre he sido, un hombre pacífico, así que cuando ella me confesó su maldad, nomás le apliqué unos pocos rebencazos.*

# Las otras estrellas

Cuando llega el Día de Muertos, algunos pueblos mayas, como Sumpango y Sacatepéquez, echan a volar las cometas más enormes y más coloridas del mundo.

Las cometas siembran de estrellas nuevas los trece cielos. Son obras de todos, niños y abuelos, y en las alturas se cruzan con los muertos que están bajando al mundo, donde los esperan buenos tragos y manjares.

Y cuando el viento sopla fuerte, jugando se lleva las cometas con los niños prendidos al cordel que las ata. Ningún niño grita. Ellos vuelan cantando y se niegan a obedecer las voces que desde la tierra quieren arruinarles el paseo.

# Los reyes del camposanto

Enrique Antonio, nacido en las altas nieblas que suben desde Mérida, ha visto mucha gente llegada para quedarse, y hasta asistió a una resurrección: un muerto se enojó, en pleno velorio, cuando los dolientes discutían el precio del entierro, y se paró y dijo:

—*Si es así, mejor me voy a pie.*

A Enrique no le gusta que lo llamen enterrador, ni sepulturero. Él es rey del camposanto, como su colega Fortunato Martínez, que siembra a los muertos del pueblo de Arenales.

Los dos llevan unos cuantos años en sus reinos:

—*Yo cuido a mis muertos, y ellos me cuidan a mí* —dicen. Y cada mañana, bien tempranito, levantan las cruces tumbadas por el viento o la lluvia o la vejez, y vuelven a plantar las cruces sin error. Sería imperdonable clavar una cruz sobre el muerto equivocado.

# Última voluntad

En la última mañana del año 1853, Ciriaco Cuitiño, que había sido comisario de policía y temido degollador, pagó la cuenta.

Muchas muertes debía.

Nunca le había temblado la mano, y no le tembló la voz cuando expresó su última voluntad:

—*Hilo y aguja.*

Y tranquilamente cosió el pantalón a la camisa, puntada tras puntada, como lo requería tan importante ocasión.

Ciriaco se balanceó durante muchas horas, colgado de la horca, en una de las plazas principales de Buenos Aires, para escarmiento de los rebeldes.

El pantalón no se cayó.

# La música en los gatillos

En Ceará, al norte de Brasil, tierra seca, gente dura, hay quienes nacen marcados para morir.

Cuando los dueños de la tierra y de la gente resolvieron acabar con el más peligroso, encargaron la tarea a un cangaceiro de probada eficiencia, que acumulaba una buena cantidad de víctimas sobre su espalda.

Y le advirtieron:

—*Va a ser muy difícil. Él está muy custodiado por los capangas que le deben favores.*

Y le preguntaron:

—*¿Estás dispuesto a todo? ¿Tenés coraje?*

Y el cangaceiro aclaró:

—*Coraje, no sé. Tengo costumbre.*

# Colores

A lo largo de mil años, la Virgen María cambió de color cuatro veces.

En luto por su hijo asesinado, vistió manto negro.

Después, pasó al azul, y del azul al dorado.

La Virgen viste de blanco desde 1854, cuando el papa Pío IX reveló el dogma de la Inmaculada Concepción. El blanco es el color de la pureza de la mujer que fue madre de Dios sin ser jamás tocada por mano de hombre.

# Cuerpos que cantan

En varias selvas y ríos de las Américas, sigue viva una costumbre que espantó, tiempo atrás, a los conquistadores europeos: los cuerpos de los indígenas ofrecen coloridas desnudeces.

De la cabeza a los pies, los cuerpos lucen arabescos y símbolos pintados en rojo, negro, blanco o azul.

Los indios dicen que esas son obras de los dioses, para guiar sus pasos y para iluminar sus ceremonias.

Los cuerpos pintados son vacunas de la belleza contra la tristeza.

# El cuerpo es un pecado

En 1854, al cabo de seis años de matrimonio, se divorció el escritor inglés John Ruskin.

Su mujer alegó que él no había cumplido nunca con su deber conyugal, y él se justificó asegurando que ella padecía *una anomalía monstruosa*.

Ruskin era el crítico de arte más respetado en la Inglaterra victoriana.

Él había visto una incontable cantidad de mujeres desnudas, pintadas, dibujadas o esculpidas, pero no había visto ninguna con vello púbico, ni en la tela, ni en el mármol, ni mucho menos en la cama.

Cuando lo descubrió, en su noche de bodas, la revelación del pelo entre las piernas le arruinó el matrimonio. Esa *anomalía monstruosa* era una indecencia de la naturaleza, indigna de una dama bien educada y quizás típica de las negras salvajes, que en las selvas se exhiben desnudas, como si todo el cuerpo fuera cara.

## Sagrada familia

Padre castigador,
madre abnegada,
hija sumisa,
esposa muda.
Como Dios manda, la tradición enseña y la ley obliga:
el hijo golpeado por el padre
que fue golpeado por el abuelo
que golpeó a la abuela
nacida para obedecer,
porque ayer es el destino de hoy y todo lo que fue
seguirá siendo.

Pero en alguna pared, de algún lugar, alguien garabatea:

*Yo no quiero sobrevivir.*
*Yo quiero vivir.*

# Primera juventud

No hacía mucho que yo había estrenado los pantalones largos cuando una noche, a horas prohibidas, me eché a caminar, solo, por los bares del puerto de Montevideo.

En una vuelta de esquina, me llegaron ecos de gemidos y bofetadas desde la calle Yacaré.

Respiré hondo, junté coraje y me arrimé. Y vi. A la luz de algún farol, vi a una mujer recibiendo golpes, los brazos abiertos, la espalda contra la pared, y tímidamente me acerqué y dije, o quise decir:

—*Oiga, señor, así no...*

El aludido me volteó de una trompada.

Quedé planchado en el suelo, mientras él me pateaba las costillas y ella, la golpeada, me pegaba en la cabeza con los tacos de sus zapatos, como quien martilla clavos.

No sé cuánto tiempo pasó hasta que se cansaron, interrumpieron el castigo y se marcharon, él muy adelante y ella, obediente, siguiendo sus pasos.

Y ahí estuve, tirado, hasta que alguien me recogió.

Yo había recibido una lección.

Nunca pude aprenderla.

# El placer, un privilegio masculino

¿Qué es ese rulito de carne que asoma entre las piernas de las mujeres? ¿Para qué sirve?

La ciencia no encontraba respuesta, hasta que se impuso la certeza de que el clítoris era un error de la anatomía femenina.

En 1857, el científico inglés William Acton sentenció:

—*La mujer recatada no busca placer en el sexo. Ella sólo desea complacer a su marido y darle hijos.*

Y para entonces ya se había demostrado que el orgasmo femenino era imaginario y no era necesario para el sagrado ejercicio de la maternidad.

# Virtuosos

Los clérigos, que habían hecho voto de castidad, eran los expertos que dictaban las normas de la vida sexual.

En el año 1215, el cardenal Robert de Courçon dictaminó:

—*Al hombre devoto le disgusta sentir placer, pero soporta ese disgusto para engendrar hijos sanos.*

La Iglesia amenazaba: iban a nacer *leprosos o epilépticos* los hijos engendrados en alguno de los trescientos días de abstinencia obligatoria.

# Castigos

En 1953, la Cámara Municipal de Lisboa publicó la Ordenanza n° 69 035:

*Habiéndose verificado el aumento de actos atentatorios contra la moral y las buenas costumbres, que día a día están aconteciendo en lugares públicos y jardines, se determina que la policía y los guardias forestales mantengan una permanente vigilancia sobre las personas que procuren vegetaciones frondosas para la práctica de actos que atentan contra la moral y las buenas costumbres, y se establecen las siguientes multas:*

*1° — Mano sobre mano: $2,50*

*2° — Mano en aquello: $15,00*

*3° — Aquello en la mano: $30,00*

*4° — Aquello en aquello: $50,00*

*5° — Aquello detrás de aquello: $100,00*

*Parágrafo único: Con la lengua en aquello, $150,00 de multa, prisión y fotografía.*

# Bésame mucho

Los besólogos han demostrado que el beso apasionado hace trabajar treinta y nueve músculos de la cara y otras zonas del cuerpo.

También se ha comprobado que el beso puede trasmitir gripe, rubeola, viruela, tuberculosis y otras pestes.

Gracias a los científicos, sabemos ahora que el beso puede dejar exhaustos a los atletas olímpicos y puede enfermar sin remedio a los más sanos ejemplares del género humano.

Y sin embargo...

# La desobediente

Según dicen las más antiguas voces, Eva no fue la primera mujer que Dios ofreció a Adán.

Otra hubo, antes. Se llamaba Lilith, y no estaba nada mal, pero tenía un grave defecto: no tenía el menor interés en vivir al servicio de Adán.

Las imágenes, siempre obra de anónimos artistas masculinos, la muestran desnuda en su reino de la noche, dotada de alas de murciélago, envuelta en serpientes, ardiendo en fuegos bajo el vientre y con una sonrisa demoníaca, sedienta de sangre de machos.

Lilith no es muy popular en el mundo masculino.

Se entiende.

# Crónica gastronómica

Chicheface fue uno de los personajes inventados por la imaginación popular, en Francia, durante la Edad Media.

Este monstruo se alimentaba devorando a las mujeres que jamás contradecían las órdenes de sus maridos.

Ese era el único manjar de su menú.

Pero las sumisas eran bastante escasas, a pesar de lo que dicen algunos historiadores.

Tan pocas eran que el pobre Chicheface murió de hambre.

# Culpables

Aglaonike, la primera mujer astrónoma, que vivió en Grecia en el siglo quinto antes de Cristo, fue acusada de brujería porque podía predecir los eclipses y se sospechaba que era ella quien hacía desaparecer la luna.

Unos cuantos siglos después, Jacoba Felice fue sometida a juicio en París, en agosto del año 1322. Ella curaba a los enfermos, y esa habilidad estaba prohibida a las mujeres y legalmente reservada a los doctores que fueran machos y solteros.

# La maldita

Catalina de los Ríos y Lisperguer, llamada La Quintrala, la mujer más bella de Chile, fue acusada de practicar la brujería, envenenar a su padre, acuchillar a sus amantes y torturar a sus siervos.

Pero era otro el más horrendo de sus crímenes: ella había nacido pelirroja. Estaba hecha de llamas del Infierno su larga cabellera y sus pecas eran la marca de fábrica del Diablo.

Murió en 1665. Su enorme fortuna, tierras y esclavos recibidos en herencia, le permitió comprar el perdón y la salvó de morir en la hoguera que los inquisidores le tenían preparada.

## Love story

La orquídea, reina de belleza en los jardines del mundo, convoca al amor, y el amor acude.

El amor jura que sus intenciones son honestas y la orquídea cree que esa es la abeja de sus sueños, la mosca de su vida, su anhelada mariposa, y suspira hondo porque por fin podrá fundar un hogar y generará bellos insectitos iguales a mamá.

Pero este amor eterno dura treinta segundos. El amante se aburre de la monotonía conyugal, descubre que esa orquídea no contiene su néctar preferido, se lleva el polen y huye en busca de otras flores, y de flor en flor vuela, penetra y huye.

La desengañada orquídea no se desalienta.

Ella espera.

Charles Darwin, enamorado de las orquídeas, contó esta triste historia, en términos estrictamente científicos, tres años después de publicar su famosa obra sobre el origen de las especies.

# Piojos

En Panamá, escuché decir:

—*Son sucios. Tienen piojos. Los indios son sucios.*

En el archipiélago de San Blas, mar de espejos, islas de arena blanca, comprobé que sí, pero no: los indios kunas tienen piojos, pero se bañan con tanta frecuencia y entusiasmo que entre ellos me coroné, en aquellos días, rey de los cochinos.

A la cabeza, el agua no llega. Los indios guardan los piojos vivos en la cabeza, para que sean arrancados por la persona amada.

Según manda la tradición, quien te quiere ha de probar que te quiere salvándote del tormento de esos minúsculos demonios.

# Arañas

En el pueblo de Sabaneta, lo llamaban *el Arañero*, porque andaba por las calles pregonando arañas:

—*¡Arañas calientes, pa'las viejas que no tienen dientes!*

—*¡Arañas sabrosas, pa'las muchachas buenamozas!*

Pero las arañas que aquel niño vendía no tenían patas peludas, a nadie atrapaban en sus telas y a nadie envenenaban, y no tenían la mala costumbre de engullir al macho después del amor.

Nadie sabía por qué se llamaban así las golosinas que la abuela de Hugo Chávez preparaba con jugo de papaya, para que su nieto ayudara al presupuesto familiar.

# Esa nuca

En 1967, pasé un tiempo en Guatemala, mientras los escuadrones de la muerte, militares sin uniforme, sembraban el terror. Era la guerra sucia: el ejército norteamericano la había practicado en Vietnam y la estaba enseñando en Guatemala, que fue su primer laboratorio latinoamericano.

En la selva conocí a los guerrilleros, los más odiados enemigos de esos fabricantes del miedo.

Llegué hasta ellos, en las montañas, llevado en coche por una mujer que astutamente eludía todos los controles. Yo no la vi, ni le conocí la voz. Estaba tapada de la cabeza a los pies, y no dijo ni una palabra durante las tres horas del viaje, hasta que con un gesto de la mano, en silencio, abrió la puerta de atrás y me señaló el secreto sendero que debía seguir montaña adentro.

Años después, supe que ella se llamaba Rogelia Cruz, que colaboraba con la guerrilla y que tenía veintiséis años cuando fue encontrada bajo un puente, después de ser mil veces violada y mutilada por el coronel Máximo Zepeda y toda su tropa.

Yo sólo había visto su nuca.

La sigo viendo.

# Ese porfiado sonido

Todos los días, a las dos en punto de la tarde, sonaba la sirena de la fábrica en aquel pueblo de Alicante. Y a las dos en punto, Joaquín Manresa se plantaba en la esquina y esperaba.

Y entonces aparecía, pedaleando, la cara al viento, el pelo suelto, esa mujer única entre las muchas obreras que a la misma hora salían del trabajo. Pero a las otras, Joaquín no las veía.

Él nunca faltó a esa cita, pactada por nadie, y ella nunca detuvo su bicicleta.

Joaquín nunca supo su nombre.

Muchos años después, él andaba caminando las calles de Oporto, muy lejos de su pueblo de Alicante, otro mapa, otra lengua, otro país, cuando volvió a escuchar aquella inconfundible sirena de la fábrica, aquel chillido feo que treinta y dos años antes le había anunciado el gran momento de cada día.

Y se plantó en la esquina, y esperó.

Nadie pasó.

Nadie había.

La sirena se había equivocado.

Era primero de mayo.

# Líos de pareja

La luna y el sol vivían juntos, y se llevaban de lo más bien, hasta que el sol sorprendió a la luna besándose, a toda pasión, con la estrella del amanecer. El sol la golpeó. Según los mapuches, las cicatrices del castigo siguen estando a la vista en el cuerpo de la luna; y de sus lágrimas de plata nació el arte indígena de la platería.

Y nunca más vivieron juntos. Cuando el sol sale, la luna se va. Cuando la luna aparece, el sol se esconde.

# Líos de familia

Roberto Bouton, médico rural, recogió muchas voces en los campos del Uruguay.

Este fue el adiós a la vida de un tal Canuto, leñador, pastor y labriego:

—*Vea, doctor. Ocurre que yo me casé con una viuda, que tenía una hija ya crecida, y mi padre va y se enamora de esa hija y se casa con ella, y así mi padre se hizo yerno mío y mi hija política se convirtió en mi madrastra.*

*Y mi mujer y yo tuvimos un hijo, que fue cuñado de mi padre y tío mío. Y después mi hija tuvo un hijo, que vino a ser hermano mío y nieto también.*

*¿Me sigue, doctor? Es un poco complicado todo esto, lo reconozco, pero resumiendo resulta que yo terminé siendo marido y nieto de mi mujer. Y así fue hasta que un mal día, doctor, me di cuenta: ¡yo soy mi propio abuelo!*

*¿Se da cuenta? Una situación insoportable. Se lo cuento porque usted es doctor y muy sabido.*

# Revelaciones

Sonó el teléfono.

El acento era inconfundible, pero no reconocí la voz.

Mucho tiempo sin noticias. Yo nada sabía de ese amigo que había quedado en Montevideo cuando me fui al exilio.

—*Venite* —le dije, y le di los horarios del tren que recorría la costa catalana hasta Calella de la Costa.

Caminando hacia la estación, fui recordando algunos andares compartidos.

Mi amigo no había cambiado mucho. La risa, franca, era la que era, y él también.

Paseamos por algunas calles del pueblo.

Nada dijo, hasta que entre dientes comentó:

—*¡Qué feo!*

Y en silencio continuamos caminando.

Aquella fue la primera vez que escuché decir eso. Y quizás fue también la primera vez que me di cuenta de que eso era verdad.

Y me dolió.

Y porque me dolió, descubrí que yo quería al pueblo donde vivía.

# El taxista

Hace ya unos cuantos años, estuve en Estocolmo por primera vez.

Y por primera vez subí a un taxi sueco.

El taxista bajó del coche como quien desciende de un carruaje de caballos, me abrió la puerta, me cobró el viaje y con toda cortesía me dio el cambio y se despidió con una leve reverencia.

Hacía mucho frío, como de costumbre, y confieso que me pareció injusto tanto sacrificio inútil.

En la noche, lo comenté con mis amigos.

¿No había en Suecia un gobierno socialista? ¿Qué eran esas servidumbres del tiempo de los señores y los lacayos?

Ellos callaron.

Después, con santa paciencia, me explicaron que el taxista había acatado una ley socialista, promulgada para proteger a los trabajadores.

Para cobrar cada viaje, el chofer estaba obligado a salir del coche. Y así, sin darse cuenta, hacía gimnasia. Esos breves pasos en la calle favorecían la circulación de la sangre, movían los músculos y ejercitaban los pulmones.

Las enfermedades profesionales de los taxistas habían disminuido radicalmente desde que la ley se había puesto en vigencia.

# La recién nacida

En el último día de abril del año 2013, Galulú Guagnini nació en Caracas.

El padre, Rodolfo, explicó:

—*Ella vino para enseñarnos todo de nuevo.*

# Afrodita

Hacía poco que Catalina y Felipe habían descubierto la mar, y no había quien los sacara del agua. Saltando olas pasaban sus días, mientras en las arenas de la playa yacían, olvidados, los moldes, las palitas y los baldes.

Una noche, les conté:

—*Había una vez una mujer que se llamaba Afrodita. Ella había nacido de la espuma. Y a mí me parece que ustedes también.*

A la mañana siguiente, escuché el griterío, que venía desde el oleaje.

Eran ellos, que gritaban a la espuma:

—*¡Mamá!*

# Lilario

Frases dichas por la señorita Lila Rodríguez, cuando tenía entre cinco y seis años de edad:

—*¿Por qué en el cielo no se ven los marcianos?*

—*¿Tiene juguetes el bebé, cuando está en la barriga de la mamá?*

—*¡Estoy en peligro! ¡Dos hormigas me miran!*

—*De las letras, prefiero la U, porque se ríe.*

—*¿Por qué encendiste la luz, mamá? ¿Por qué apagaste la luz de la oscuridad?*

—*¡Quiero morderme la oreja pero no puedo!*

—*¿Sabés una cosa? Yo siempre quiero estar donde no estoy.*

—*Cuando yo sea grande, no voy a tener hijos porque rompen las bolas.*

—*¿Si quiero esas galletitas para mañana? Claro que sí. El futuro tiene hambre.*

—*Santa Claus existe porque yo quiero que exista.*

# El inventor

No hacía mucho que Manuel Rosaldo había iniciado su vida escolar, cuando inventó su inyección. Pinchaba por la cola, pero actuaba en la cabeza. Una sola inyección era suficiente para meterte en la cabeza todos los conocimientos que la humanidad había acumulado al cabo de miles y miles de años de andar averiguando los secretos del mundo.

Este invento era muy bueno para el niño inventor, que así podía vivir siempre en vacaciones; pero también resultaba de indudable utilidad para los padres y los maestros, que ya no tenían por qué perder el tiempo enseñando al alumno lo que ya había aprendido por vía inyectable.

Como ha ocurrido con otras grandes invenciones de la humanidad, nadie tomó en serio esta revolución pedagógica.

# Niños que nombran

Estas son voces de niños que están aprendiendo a nombrar cosas en las escuelas colombianas de Antioquia. Las voces han sido recogidas por Javier Naranjo y otros maestros:

Boca: *Dios la hizo para masticar, pero se usa para hablar.*

Lluvia: *Es Jesús, cuando mea.*

Diablo: *Es el más palabrero.*

Distancia: *Es cuando alguien se va de alguien.*

Espíritu: *Es el segundo cuerpo, que vive en la muerte.*

Guerra: *Gente que se mata por un pedazo de tierra o de paz.*

Iglesia: *Donde la gente acude para perdonar a Dios.*

Luna: *Es la que nos da la noche.*

Universo: *Casa de las estrellas.*

# Allá en mi infancia

Era la noche del 5 al 6 de enero.

Dejé una carta en mis zapatos, y al costado puse unos puñados de pasto y unos vasos de agua para los camellos que iban a llegar, extenuados, desde el oriente del mundo.

Durante toda esa noche, no pegué un ojo. De cuando en cuando escuchaba los pasos de los camellos, cargados de bultos enormes, y adivinaba las sombras de los tres reyes magos.

Apenas salió el sol, pegué un salto y salí corriendo en busca de los juguetes que los reyes me habían traído.

Un par de meses después, ingresé a la escuela por primera vez.

A la hora del recreo, uno de mis compañeritos de clase tuvo la amabilidad de informarme:

—Bobo. *¿Todavía no sabés que los reyes magos son los padres?*

Me costó reaccionar. Cuando volví a la realidad, ciego de furia, lo arrinconé contra la pared y le pegué hasta que lo hice llorar.

La directora me echó.

Cuando fui indultado, y pude volver, nadie más habló de aquel peligroso tema.

# La vocación

Se llama Rama y trabaja en Tenali, una aldea del sur de la India. Era muy niño cuando descubrió su vocación. Fue en el templo de la diosa Kali.

Inclinado a los pies de la diosa, el pequeño Rama cantó el himno que la venera, pero no pudo evitar un ataque de risa.

A la diosa no le cayó nada bien.

Ella tiene mil caras, y por sus mil bocas le exigió explicaciones.

El niño confesó:

—*Yo tengo una sola nariz. Bastante complicado me resulta sonarme cada vez que me resfrío. ¿Cómo haces tú para sonar tus mil narices?*

La diosa lo condenó a risa perpetua. Y de eso vive.

# Esa pregunta

La familia Majfud había sido acorralada por la dictadura militar uruguaya, había sufrido cárcel y torturas y humillaciones y había sido despojada de todo lo que tenía.

Una mañana, los niños jugaban en una vieja carreta cuando sonó un balazo. Ellos estaban lejos, pero el tiro atravesó los campos de Tacuarembó y entonces supieron, quién sabe cómo, quién sabe por qué, que el estampido venía de la cama de la tía Marta, la más querida.

Desde esa mañana, Nolo, el más chico de la familia, pregunta y se pregunta:

—*¿Por qué nacemos, si tenemos que morir?*

Jorge, el hermano mayor, trata de ayudarlo.

Busca una respuesta.

Los años van pasando, como pasan los árboles ante la ventana del tren; y Jorge sigue buscando la respuesta.

# La lluvia

Entre todas las músicas del mundo y del cielo, entre todas las que escucho desde arriba y desde abajo, yo elijo el concierto para lluvia sola.

Como en misa la oigo, cada vez que se deja sonar en la claraboya de mi casa.

# Las nubes

Por las noches, cuando nadie las ve, las nubes bajan al río.

Inclinadas sobre el río, recogen el agua que más tarde lloverán sobre la tierra.

A veces, cuando están en plena tarea, algunas nubes se caen, y el río se las lleva.

Cuando llega la mañana, cualquiera puede ver pasar a las nubes caídas.

Ellas derivan sobre las aguas, lentos barquitos de algodón, mirando al cielo.

# El río raro

Eran niños venidos de tierra adentro, de muy adentro, que no habían estado nunca en la playa de Piriápolis, ni en ninguna playa, y que nunca habían visto la mar.

A lo sumo se atrevían a mojarse los pies, pero ninguno rompía las olas.

Para vencer el miedo, uno de los niños, el más sabido, explicó qué era la mar:

—*Es un río de una sola orilla.*

# Los caminos del fuego

En la más antigua antigüedad, las flores no tenían pétalos y la pampa no tenía gauchos, sino dinosaurios. Mucho tiempo después, llegó el fuego.

Desde entonces, el fuego nos salva de la oscuridad y del frío. Y mientras cumple sus terrestres tareas, envía el humo, cielo arriba, hacia la morada de las divinidades.

Según me contaron en Michoacán, el humo es el alimento de los dioses.

¿O será que los dioses fuman?

# La luna

La luna se moría de ganas de visitar la tierra. Después de mucho dudar, se dejó caer. Había venido por un rato nomás, pero quedó atrapada en la copa de un árbol cuando empezaba su viaje de regreso al cielo.

La luna sintió que nunca más iba a liberarse de esa prisión de ramas y se sintió horriblemente sola, pero tuvo la suerte de que un lobo apareciera, desde lo hondo de la selva, y el lobo pasó toda la noche jugando con ella, acariciándola con el hocico, haciéndole cosquillas en la blanca panza y contándole chistes que no eran del todo malos.

Poco antes del amanecer, el lobo la ayudó a liberarse del ramaje y la luna se marchó, cielo arriba.

Pero no se fue sola: le robó la sombra al lobo, para que él nunca olvidara esa noche compartida.

Por eso el lobo aúlla.

Está suplicando que la luna le devuelva su sombra robada.

La luna se hace la sorda.

# La mar

Helena llevaba horas o años sentada ante la mar, que se abría a sus pies y le invadía los ojos y los pulmones. Irse le daba pena.

Y para no irse nunca, se fue, pero le puso rueditas a la mar y se la llevó con ella. Como si fuera su sombra, porque la mar estaba hecha, como ella, de sol y de sal.

# Los cuentos cuentan

Carlos Bonavita siempre me decía:

—*Si es verdad eso de que se hace camino al andar, vos tendrías que ser ministro de Obras Públicas.*

A mis pies les gusta dejarse ir por la costa de Montevideo, a orillas del Río de la Plata. En 1656, Antonio de León Pinelo escribió en Madrid que este era uno de los cuatro ríos del Edén. Creo que exageró un poquito, la verdad sea dicha, aunque allá en mi infancia, o al menos en mi memoria, sus aguas eran transparentes.

Han pasado los años, y ya no son transparentes las aguas de este río ancho como mar, pero yo sigo caminando sus orillas mientras en mí camina, caminante caminado, la tierra donde nací.

Camino y en mis adentros las palabras caminan también, en busca de otras palabras, para contar las historias que ellas quieren contar.

Las palabras viajan sin apuro, como las almitas peregrinas que vagan por el mundo y como algunas estrellas fugaces que a veces se dejan caer, muy lentamente, en los cielos del sur.

Las palabras caminan latiendo. Y en estos días, por pura casualidad, me entero de que en lengua turca *caminar* y *corazón* tienen la misma raíz (*yürümek, yürek*).

Hace ya unos cuantos años, en mis tiempos de exilio en la costa catalana, escuché un estimulante comentario de una niña, de ocho o nueve años, que si mal no recuerdo se llamaba Soledad.

Estaba yo echándome unos tragos con sus padres, también exiliados, cuando ella me llamó aparte y me preguntó:

—*¿Y vos qué hacés?*

—*Y... yo... escribo.*

—*¿Escribís libros?*

—*Y... sí.*

—*A mí no me gustan los libros* —sentenció ella.

Y como me tenía contra las cuerdas, golpeó:

—*Los libros están quietos. A mí me gustan las canciones, porque las canciones vuelan.*

A partir de mi encuentro con aquel angelito de Dios, he intentado cantar. Nunca pude, ni en la ducha. Cada vez que canto, los vecinos gritan que ese perro se deje de ladrar.


No conozco a Jorge Ventocilla. No lo conozco personalmente, mejor dicho, pero mis libros son sus amigos y, a través de ellos, yo también.

Cuando se publicó *Espejos*, Jorge decidió que ese libro, desconocido en Panamá, merecía circular de mano en mano.

No era mucho el dinero que tenía ahorrado, pero en un brote de locura lo destinó todo a comprar ejemplares de *Espejos* y los echó a correr, en los cafés, en las tiendas, en las peluquerías, en los quioscos, por todas partes, con una advertencia escrita por él:

*Este libro, gratuito, es un libro viajero. Usted lo lee y lo pasa a otra persona.*

Y así está siendo.

Yo no tuve la suerte de conocer a Sherezade.

No aprendí el arte de narrar en los palacios de Bagdad. Mis universidades fueron los viejos cafés de Montevideo. Los cuentacuentos anónimos me enseñaron lo que sé.

En la poca enseñanza formal que tuve, porque no pasé de primero de liceo, fui un pésimo estudiante de historia. Pero en los cafés descubrí que el pasado podía ser presente, y que la memoria podía ser contada de tal manera que dejara de ser ayer para convertirse en ahora.

Mis maestros fueron los admirables mentirosos que en los cafés se reunían para encontrar el tiempo perdido.

En las ruedas de amigos donde yo solía meterme de colado, escuché una de las mejores historias que he recibido en la vida. Había ocurrido a principios del siglo veinte, en los tiempos de la guerra de los jinetes pastores en las praderas de mi país, pero el narrador la contaba de tan contagiosa manera que lograba que todos estuviéramos donde él decía que había estado.

Él había recorrido, después de una batalla, el campo sembrado de muertos.

Entre los muertos había un muchacho bellísimo, que era, o al menos parecía, un ángel.

En la frente tenía una vincha blanca, roja de sangre.

En la vincha, estaba escrito: *Por la patria y por ella.*

La bala había entrado en la palabra *ella.*

Uno de mis maestros en el arte de narrar se llamaba Rolendio Martínez.

Creo que no sabía leer ni escribir.

Cuando lo conocí, andaba cerca de los cien años, y decía:

—*Edad, no tengo. Yo ya no cumplo años ni uso reloj.*

Evocaba a sus amigos de los tiempos remotos, cariñosamente pero sin regalarles nada:

—*Sí, ese era bueno. Bueno. Pero nada más que bueno.*

Y para hablar de la guerra, empezaba por aclarar:

—*Yo no soy yacaré viudo, de esos que caminan con la cabeza volteada; pero clarito lo veo.*

Las imágenes le habían quedado marcadas a fuego, desde su remota infancia, y las seguía viendo.

Unos jinetes habían pasado, como viento, ante sus ojos de niño. Había uno degollado y él lo veía todavía, el tajo de oreja a oreja, el chorro de sangre que brotaba sin parar:

—*El desgraciado aquél había perdido el caballo y andaba pegando manotazos, caminando a los tumbos, sin saber que estaba muerto.*

Escribí *El fútbol a sol y sombra* para la conversión de los paganos. Quise ayudar a que los fanáticos de la lectura perdieran el miedo al fútbol, y que los fanáticos del fútbol perdieran el miedo a los libros. Pero jamás imaginé nada más.

Sin embargo, según Víctor Quintana, que fue diputado federal en México, ese libro le salvó la vida. A mediados de 1997, él fue secuestrado por unos asesinos profesionales, contratados para castigar sus denuncias de negocios sucios.

Ya lo tenían atado en el suelo, boca abajo, y lo estaban matando a patadas cuando en la última tregua, antes del tiro final, los asesinos se trenzaron en una discusión sobre fútbol. Entonces Víctor, más muerto que vivo, metió su cuchara en ese debate. Y se puso a contar historias de ese libro, canjeando minutos de vida por cada cuento salido de esas páginas, como Sherezade había canjeado un cuento por cada una de sus mil y una noches de vida.

Y las horas y las historias fueron pasando.

Y por fin los asesinos lo abandonaron, atado y aporreado, pero vivo.

Le dijeron:

—*Nos caíste bien,* y se marcharon con sus balas a otra parte.

 En *Bocas del tiempo,* conté una historia que en 1967 ocurrió en el principal estadio de fútbol de Colombia.

No cabía un alfiler, el estadio hervía. Se definía el campeonato entre los dos equipos dominantes de Bogotá: el Millonarios y el Santafé.

Omar Devanni, goleador del Santafé, cayó en el área, en el último minuto de ese superclásico; y el árbitro pitó penal.

Pero Devanni había tropezado: nadie lo había golpeado, ni rozado siquiera. El árbitro se había equivocado, y ya no podía dar marcha atrás ante la multitud rugiente que llenaba el estadio.

Entonces Devanni ejecutó ese penal que no existía. Lo ejecutó muy serenamente, lanzando la pelota muy pero muy lejos del arco rival.

Ese acto de coraje selló su ruina, pero le otorgó el derecho de reconocerse cada mañana ante el espejo.

Unos cuantos años después, recibí una carta de alguien que yo no conocía, Alejandro Amorín. Ya Devanni estaba lejos del fútbol, tenía una cantina en algún lugar del mar Caribe, cuando este Alejandro le preguntó sobre el asunto. Al principio, Devanni dijo que no lo recordaba. Después dijo que podía ser, quién sabe, quizás había ejecutado mal ese penal, *me salió así, pateé mal, fue sin querer, son cosas del fútbol...* Como disculpándose por haber sido tan digno.

Otra historia de *Bocas del tiempo.* En cierto día de octubre de cada año, sonaba el teléfono en la casa de Mirta Colángelo:

—*Hola, Mirta. Soy Jorge Pérez. Ya te imaginás por qué te llamo. Hoy hace dieciséis años que encontré aquella botella. Te llamo, como siempre, para celebrarlo.*

Jorge había perdido el empleo y las ganas de vivir, y andaba caminando su desdicha entre las rocas de Puerto Rosales, cuando encontró una de esas naves de la flota que los alumnos de Mirta arrojaban, cada año, a la mar. Dentro de cada botella, había una carta.

En la botella que encontró Jorge, la carta, muy mojada pero todavía legible, decía:

—*Me llamo Martín. Tengo ocho anios. Busco un amigo por los caminos del agua.*

Jorge la leyó y esa carta le devolvió la vida.

*Días y noches de amor y de guerra* abre con una frase de Karl Marx, que siempre me gustó por el optimismo que irradia:

*En la historia, como en la naturaleza, la podredumbre es el laboratorio de la vida.*

Cuando el libro se tradujo al alemán, el traductor, que conocía la obra de Marx de pe a pa, me preguntó de dónde había sacado yo esa frase, que él no recordaba para nada y no la encontraba en ningún libro.

Vale aclarar que soy de los pocos seres vivos autores de cuatro hazañas: leí la Biblia, completa; leí *El capital*, completo; atravesé la ciudad de Los Ángeles, de cabo a rabo, caminando; y también atravesé caminando la ciudad de México. Yo creía que era de *El capital*, y también la busqué y busqué, pero no la encontré. Estaba seguro de que mi memoria no había traicionado esa perfecta síntesis del pensamiento dialéctico del gran barbudo alemán, y contesté al traductor:

—*La frase es de Marx, pero él se olvidó de escribirla.*

En 1970, presenté *Las venas abiertas de América Latina* al concurso de Casa de las Américas, en Cuba. Y perdí. Según el jurado, ese libro no era serio. En el 70, la izquierda identificaba todavía la seriedad con el aburrimiento.

*Las venas abiertas* se publicó después y tuvo la fortuna de ser muy elogiado por las dictaduras militares, que lo prohibieron. La verdad es que de ahí le viene el prestigio, porque hasta entonces no había vendido ejemplares, ni la familia lo compraba.

Pero a raíz del éxito que tuvo en los medios castrenses, el libro empezó a circular cada vez con más suerte. Salvo en mi país, el Uruguay, donde entró libremente en las prisiones militares durante los primeros seis meses de la dictadura. Raro, porque en aquellos años, los del Plan Cóndor, en que las dictaduras se reproducían con rasgos muy semejantes —casi idénticos— en distintos países de América Latina, también prohibían las mismas cosas.

Los censores uruguayos, al ver el título, creyeron que estaban frente a un tratado de anatomía, y los libros de medicina no estaban prohibidos.

Poco duró el error.

James Cantero, uruguayo como yo soy, jugador de fútbol como yo hubiera querido ser, me escribió una carta, en el año 2009.

Yo no lo conocía.

Él me dijo que tenía algo para darme.

Y me lo dio.

Una vieja edición de *Las venas*.

Un capitán del ejército de El Salvador se lo había dado, hacía ya unos cuantos años.

El libro había viajado medio mundo, acompañando a James y sus andanzas futboleras.

—*Él te buscó. Te estaba esperando* —me dijo, cuando me lo entregó.

El libro estaba atravesado por un balazo, herido de muerte: un agujero en la tapa, otro en la contratapa.

El capitán había encontrado el libro en la mochila de un guerrillero muerto entre los muchos caídos en la batalla de Chalatenango, a fines de 1984.

Nada más había en la mochila.

El capitán nunca supo por qué lo recogió, ni por qué lo guardó. Y James tampoco pudo explicar, ni explicarse, por qué lo llevó con él durante un cuarto de siglo, de país en país.

El hecho es que a la larga, después de mucho andar, el libro llegó a mis manos.

Y en mis manos está.

Es lo único que queda de aquel muchacho sin nombre.

Este libro fusilado es su cuerpo.


En *Espejos*, conté historias poco conocidas, o del todo desconocidas.

Una de esas historias había ocurrido en España, en 1942. El cuartelazo de Francisco Franco, llamado Alzamiento Nacional, que no fue más que un vulgar golpe de Estado, había aniquilado la República Española.

La dictadura triunfante anunció que una prisionera, Matilde Landa, iba a arrepentirse públicamente de sus satánicas ideas y en la cárcel recibiría el santo sacramento del bautismo.

La ceremonia no se podía iniciar sin la invitada principal. Matilde había desaparecido.

Ella se arrojó desde la azotea y el cuerpo estalló, como una bomba, en el patio de la prisión.

El espectáculo no se interrumpió. El obispo bautizó ese cuerpo destrozado.

*Espejos* estaba en proceso de impresión cuando recibí una carta de la correctora, que trabajaba en la editorial y había terminado su trabajo de cazadora de erratas.

Ella quería saber de dónde había sacado yo la información. Todos los datos eran correctos, pero ella sólo los conocía por relatos familiares.

Matilde Landa era su tía.

Mi nieta Catalina tenía diez años. Veníamos caminando, por alguna calle de Buenos Aires, cuando alguien se acercó y me pidió que le firmara algún libro, no recuerdo cuál.

Y seguimos caminando, los dos callados, abrazados, hasta que Catalina movió la cabeza y formuló este estimulante comentario:

—*Yo no sé por qué tanto lío, si ni yo te leo.*

Hace tiempo estuve en una escuela de Salta, en el norte argentino, leyendo cuentos a los niños.

Al final, la maestra les pidió que me escribieran cartas, comentando la lectura.

Una de las cartas me aconsejaba:

*Seguí escribiendo que vas a mejorar.*

Esta historia se suele leer en las escuelas de mi país.

Una tarde, andaba yo paseando por el Parque Rodó, a la orilla del río-mar de Montevideo, cuando me encontré súbitamente rodeado por una alborotada multitud de niños, vestidos con sus túnicas escolares y sus grandes moños azules.

Los niños gritaban:

—*¡Es el señor de los fueguitos! ¡Es el señor de los fueguitos!*

Aquella tarde, esa bandada de chiquilines me otorgó el único título nobiliario que he recibido en mi vida.


El primero de mayo es el día más universal de todos.

El mundo entero se paraliza rindiendo homenaje a los obreros que fueron ahorcados, en Chicago, por el delito de negarse a trabajar más de ocho horas diarias.

En mi primer viaje a los Estados Unidos, me sorprendió que el primero de mayo fuera un día como cualquier otro día, y ni siquiera la ciudad de Chicago, donde la tragedia había ocurrido, se diera por enterada. Y en *El libro de los abrazos*, confesé que esa desmemoria me dolía.

Mucho tiempo después, recibí una carta de Diana Berek y Lew Rosenbaum, desde Chicago.

Ellos nunca habían celebrado esa fecha, pero en el año 2006, por primera vez, junto a una multitud jamás vista habían podido rendir homenaje a aquellos obreros que en la horca habían pagado su valentía.

*Chicago te abraza*, decía la carta.

Marie-Dominique Perrot era profesora en un instituto en Ginebra.

A mediados de 1995, me contó que un incendio había arrasado el instituto, del que no quedaba más que un montón de fierros humeantes. Y me contó que al día siguiente, uno de los profesores había desafiado la prohibición de entrar en aquellas ruinas, y había regresado con un libro a medio quemar. Estaba muy chamuscado, pero todavía se podía adivinar, mal que bien, el nombre: *Mémoire du feu*.

El primer tomo de *Memoria del fuego* era, en su edición francesa, el único objeto que había sobrevivido a las llamas.

En su carta, la profesora me comentó:

—*Es como si el fuego hubiera querido firmar el trabajo que había hecho.*

Y agregó:

—*Esto me recordó la frase de Jean Cocteau, cuando le preguntaron qué rescataría de su casa, si se estuviera incendiando. "El fuego", respondió.*


En la difícil tarea de decir mucho con poco me han ayudado mucho, sin ninguna compasión, Helena Villagra y Fernando Rodríguez.

Fernando era hierba silvestre, nacido en casa pobre y con poca o ninguna educación formal, pero tenía un muy fino olfato para detectar las palabras sobrantes.

Cuando escribí el segundo tomo de *Memoria del fuego*, enfrenté el desafío de contar, en muy pocas palabras, la historia de Camila O'Gorman y el cura Ladislao Gutiérrez, protagonistas de un escándalo que había conmovido a la ciudad de

Buenos Aires a mediados del siglo diecinueve, y que había culminado con el fusilamiento de los dos por delito de amor. Es muy difícil contar el amor, y contarlo sin palabrearlo.

Fernando, que estaba viviendo en casa, me rechazaba todo:

—*Hay muchas piedras entre las lentejas*—me decía y me repetía, hasta que de tanto tachar palabras inútiles, esas piedras entre las lentejas, el relato de ese amor condenado quedó reducido a una sola línea.

Entonces, por fin, Fernando se dio por vencido.

Esa sola línea decía:

—*Ellos son dos por error que la noche corrige.*

Mi trilogía *Memoria del fuego* nació de un poema de Konstantino Kavafis. Leyendo al gran poeta griego de Alejandría, me sentí desafiado: ¿por qué no asomarme al universo por el ojo de la cerradura? ¿Por qué no escribir el tiempo pasado contando la historia grande desde la historia chica? La victoria de Marco Antonio en Grecia, en el poema de Kavafis, está contada desde el punto de vista de un pobre mercader que intenta vender algo, montado en su burrito, y nadie lo escucha.

En mis andares de cuentacuentos, estaba yo una noche leyendo mis relatos en la ciudad gallega de Ourense.

Un señor me miraba, ceño fruncido, ojos sin pestañear, desde la última fila: cara de campesino curtido por los trabajos y los días, enojado hasta para besar.

Cuando la lectura terminó, se acercó a paso lento, mirándome fijo, como para matarme. Pero no me mató.

Me dijo:

—*Qué difícil ha de ser escribir tan sencillo.*

Y después de esa frase, la más sabia crítica literaria que he recibido en toda mi vida, me dio la espalda y sin saludar se fue.

Escribí *Espejos* a partir de un sueño. Habitualmente, mis sueños son de una mediocridad inconfesable. Vuelos perdidos, trámites burocráticos, ciudades que no conozco, caídas desde un décimo piso...

Mi mujer, Helena, tiene sueños prodigiosos y humillantes para mí. La hora del desayuno es muy penosa porque ella me cuenta sus sueños, que contrastan con los míos, donde tristemente me peleo con un funcionario porque no entiendo lo que dice o simplemente pierdo un avión.

Y ella me comenta:

—*Ah, perdiste el avión... Yo anoche tuve un sueño de aeropuerto. Soñé que estábamos los dos en una cola muy larga, muy larga. Y cada pasajero llevaba una almohada bajo el brazo. Y las almohadas pasaban por una máquina que leía los sueños de la noche anterior, o sea, cada almohada contenía los sueños y la máquina era una detectora de sueños peligrosos.*

Y me dice, modestamente:

—*Yo creo que algo tiene que ver con la inseguridad pública.*

Trago un poco de café con leche, me exilio en el baño por una media hora, trato de volver a la vida con la cabeza alta, pero me cuesta.

Sin embargo, una vez tuve un sueño bastante bueno, que fue el que dio lugar a *Espejos*. Yo subía a un taxi en el sueño y le ordenaba al taxista:

—*Lléveme a la Revolución francesa. Lléveme ahí donde está Olimpia de Gouges camino a la guillotina.*

Y el taxista iba nomás. Yo quería ver a Olimpia en el momento en que subía a la guillotina y decía una frase muy linda que quería escuchar, ver. Ver cómo ella decía:

—*Si las mujeres podemos subir al patíbulo, ¿por qué no podemos subir a las tribunas?*

Volviendo al sueño, allá iba yo con el taxista y le ordenaba:

—*Ahora lléveme al Brasil, a Congonhas do Campo. Quiero ver al Aleijadinho esculpiendo sus profetas.*

Y allá iba. Dicho sea de paso, fíjense ustedes qué linda paradoja: el Aleijadinho, el hombre más feo del Brasil, creó la más grande hermosura, el arte colonial americano. El hombre más feo creó la más alta belleza.

Y entonces yo quería conocer todo eso, pero verlo así, presencialmente. Y el taxista obedecía mis instrucciones, y en el sueño yo iba por los caminos del mundo, sin ninguna frontera, ni la de los mapas ni la del tiempo. Y de ahí brotó ese libro: porque ya que lo había soñado, bien podía escribirlo.

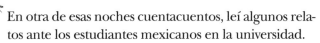 En otra de esas noches cuentacuentos, leí algunos relatos ante los estudiantes mexicanos en la universidad.

Uno de los relatos, de mi libro *Bocas del tiempo*, contaba que el poeta español Federico García Lorca había sido fusilado y prohibido durante la larga dictadura de Franco, y que un grupo de teatreros del Uruguay cometió la hermosa irresponsabilidad de estrenar una obra suya en un teatro de Madrid, al cabo de muchos años de obligado silencio. Y que al fin de la obra, el público español no había aplaudido, o mejor dicho: había aplaudido con los pies, pateando el piso, y los actores uruguayos habían quedado estupefactos. No entendían nada.

¿Tan mal habían actuado? ¿Merecían esa protesta?

Mucho tiempo después, en Montevideo, cuando China Zorrilla, que había formado parte de aquel grupo de irresponsables, me contó esta historia, imaginé que aquello podía no ser cierto. Pero acto seguido pensé: quizás aquel trueno sobre la tierra había sido para el autor, fusilado por rojo, por marica, por raro. Quizás había sido una manera de decirle:

—*Para que sepas, Federico, lo vivo que estás.*

Y cuando lo conté, en la Universidad de México, me ocurrió lo que nunca había ocurrido en las otras ocasiones en que había contado esta historia, en varias ciudades de la España andaluza y en muchos otros lugares: los estudiantes aplaudieron con los pies, seis mil pies golpeando el piso con alma y vida. Y así continuaron mi relato y continuaron lo que mi relato contaba, como si eso estuviera ocurriendo en un teatro de Madrid, unos cuantos años antes. El mismo trueno sobre la tierra, la misma manera de decir:

—*Para que sepas, Federico, lo vivo que estás.*

Y en otra charla, en Atenas, ante los estudiantes del Politécnico, fui acompañado por un perro, llamado Kanelos.

Él se acurrucó a mis pies, en el estrado. Yo no lo conocía, pero él tuvo la paciencia de escucharme, la cabeza erguida, del principio al fin. Kanelos era un perro marca perro, un perro de la calle, respondón, retobado, que jamás faltaba a ninguna de las manifestaciones estudiantiles, siempre a la cabeza de todos, desafiando a los policías.

Siete años después, en el año 2010, estalló la furia griega. Los estudiantes encabezaron la protesta contra los exterminadores de países, que estaban obligando a Grecia a purgar los pecados de Wall Street, y a la cabeza del griterío popular, visible entre los gases y los fuegos, había un perro. Lo reconocí en las fotos. Era Kanelos. Pero mis amigos griegos me dijeron que Kanelos había muerto, hacía un año y medio.

Yo les aclaré que se equivocaban. Aquel perro protestón, aquel atorrante impresentable, era Kanelos. Ahora se llamaba Lukanikos, para despistar al enemigo.

 Algunos años antes de que Salvador Allende fuera presidente de Chile, tuve la suerte de acompañarlo en un viaje al sur.

Yo nunca había visto la nieve. Esa fue mi primera vez. Bebiendo buen vino, de a sorbitos, brindamos mientras la nieve caía suavemente, en lentos copos de algodón, al otro lado de la ventana.

Esa noche, en Punta Arenas, Allende me dio a leer el discurso que iba a pronunciar en el acto de campaña.

Al día siguiente, entre los clamores del gentío, me llamó la atención una frase que no figuraba en la versión que yo había leído.

Quizás fue una involuntaria profecía.

Quién sabe.

Allende dijo:

—*Vale la pena morir, por todo eso sin lo cual no vale la pena vivir.*

 Hace ya unos cuantos años, en el semanario *Marcha*, mucho aprendí de Carlos Quijano.

Jamás olvidaré la tarde aquella en que estábamos escuchando discursos que los políticos, en plena campaña electoral, trasmitían por radio.

Mucho prometían, poco decían, casi nada creían.

Don Carlos escuchaba y callaba. Hasta que murmuró:

—*El único pecado que no tiene perdón es el que peca contra la esperanza.*

*Los hijos de los días* es un libro que tiene forma de calendario. Una historia brota de cada una de sus páginas. O dicho de otro modo: cada uno de los días tiene una historia que contar.

Sonia Breccia lo leyó buscando su verdadero cumpleaños: no el día en que había nacido, sino el día en que elegía nacer.

Desde entonces, Sonia celebra cada 13 de mayo, aunque no es el día que figura en sus documentos.

Lo eligió porque le gustó la historia que ese día cuenta.

Y ese día cuenta lo que hace años me enseñó un viejo sabio, allá en la selva donde nace el río Orinoco:

*Para que veas los mundos del mundo, cambia tus ojos.*

*Para que los pájaros escuchen tu canto, cambia tu garganta.*


En *Los hijos de los días,* conté la historia de un africano excepcional, el rey de Dahomey, Agaja Trudo, que se negó a vender esclavos y se alzó en guerra contra los traficantes de carne humana.

Poco después de la publicación del libro, recibí una carta de Carlos Feo: él había visitado el museo del palacio real en la capital de Dahomey, y no había allí rastro ninguno de aquel rey. Agaja Trudo había sido borrado de la historia, porque había pecado contra el negocio más jugoso de las potencias europeas de su tiempo.

Y también me contó que la peor enemiga de aquel rey rebelde había sido la mujer de su padre, que codiciaba el trono y era la más fervorosa defensora del derecho a vender gente. Y cuando Agaja Trudo prohibió la esclavitud, hizo una sola excepción: la vendió a ella.


Entre muchas otras historias reunidas en *Las palabras andantes,* hay una que cuenta las aventuras de un niño y su sombra.

El relato termina diciendo:

*Y ahora, al cabo de los años, cuando el niño ha dejado la infancia muy atrás, siente pena de morirse y dejar su sombra sola.*

229

Una lectora, Daidie Donnelle, me escribió diciendo que no me preocupara: la sombra no iba a quedarse sola, porque la sombra de la sombra estaría acompañándola.

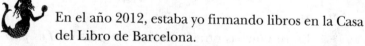

En el último tomo de *Memoria del fuego,* conté la historia de una niña de cinco años, hija de un preso político uruguayo, que se llamaba Milay en homenaje a una aldea vietnamita borrada del mapa por la invasión militar norteamericana.

A partir de entonces, recibí varias cartas de padres de niñas recién nacidas, que querían llamarlas Milay y no podían porque la burocracia lo impedía. Desde la ciudad de Rosario, en Argentina, Nélida Gómez me contó sus desventuras:

—*Mi hija sigue indocumentada* —me decía en una carta de marzo de 1999.

Ese nombre raro no figuraba en el santoral ni formaba parte de la tradición documentada en el Registro Nacional de Nombres. Milay no tenía derecho a llamarse Milay.

En el año 2012, estaba yo firmando libros en la Casa del Libro de Barcelona.

—*¿Para quién?*

Yo escuchaba el nombre, y firmaba.

A veces agregaba algo, un dibujito, un comentario, algo que me ayudara a sentir que yo no era un robot repitiendo la misma firma con mano ortopédica.

Y así, de libro en libro.

Hasta que pregunté a un muchacho, que llevaba un buen rato en la cola:

—*¿Para quién?*

Y recibí una respuesta inesperada:

—*Para el río Paraná.*

Yo nunca había dedicado un libro a un río.

Fue el primero.

Hace ya muchos años, cuando visité las cuevas de Altamira, quedé deslumbrado ante la delicadeza de esas pinturas. Y no me atreví a preguntar en voz alta:

—*Esas maravillas, ¿no habrán sido obra de ellas, y no de ellos?*

La pregunta nacía de mi asombro, y nada más, pero cuando la incluí en alguno de mis libros no faltó quien me acusara de demagogia feminista.

Los años siguieron pasando, y en el 2013 un profesor norteamericano, Dean Snow, culminó unos cuantos años de investigaciones en varias cuevas prehistóricas:

—*He llegado a la conclusión de que la mayoría de esas pinturas fue hecha por mujeres, no por hombres.*

Y fundamentó lo que afirmaba.

Mi pregunta había nacido de la pura imaginación. Ahora había encontrado quien la acompañara.

Prontuario

# Autobiografía completísima

Nací el 3 de setiembre de 1940, mientras Hitler devoraba media Europa y el mundo no esperaba nada bueno.

Desde que era muy pequeño, tuve una gran facilidad para cometer errores. De tanto meter la pata, terminé demostrando que iba a dejar honda huella de mi paso por el mundo.

Con la sana intención de profundizar la huella, me hice escritor, o intenté serlo.

Mis trabajos más exitosos son tres artículos que circulan con mi nombre en Internet. En la calle me para la gente, para felicitarme, y cada vez que eso ocurre me pongo a deshojar la margarita:

—*Me mato, no me mato, me mato…*

Ninguno de esos artículos fue escrito por mí.

# Brevísimas señas del autor

Yo bien podría ser campeón mundial de los distraídos, si el campeonato existiera: con frecuencia me equivoco de día, de hora y de lugar, me cuesta distinguir la noche del día, y falto a las citas porque me quedo dormido.

Mi nacimiento confirmó que Dios no es infalible; pero no siempre me equivoco, sin embargo, a la hora de elegir a la gente que quiero y las ideas en que creo.

Detesto a los lastimeros, odio a los quejosos, admiro a quienes saben aguantar callando los golpes del mal tiempo, y por suerte nunca falta algún amigo que me dice que siga escribiendo nomás, que los años ayudan y que la calvicie ocurre por pensar demasiado y es una enfermedad profesional.

Escribir cansa, pero consuela.

# Por qué escribo/1

Les quiero contar una historia que para mí fue muy importante: mi primer desafío en el oficio de escribir. La primera vez que me sentí desafiado por esta tarea. Ocurrió en el pueblo boliviano de Llallagua. Yo pasé ahí un tiempito, en la zona minera. El año anterior había ocurrido la matanza de San Juan ahí mismo, cuando el dictador Barrientos fusiló a los mineros que estaban celebrando la noche de San Juan, bebiendo, bailando. Y el dictador, desde los cerros que rodean el pueblo, los mandó ametrallar.

Fue una matanza atroz y yo llegué más o menos un año después, en el 68, y me quedé un tiempo gracias a mis habilidades de dibujante. Porque, entre otras cosas, siempre quise dibujar, pero nunca me salía demasiado bien como para que sintiera el espacio abierto entre el mundo y yo.

El espacio entre lo que podía y lo que quería era demasiado abismal, pero se me daba más o menos bien para algunas cosas, como por ejemplo, dibujar retratos. Y ahí, en Llallagua, retraté a todos los niños de los mineros e hice los carteles del carnaval, de los actos públicos, de todo. Era buen letrista, entonces me adoptaron y la verdad que lo pasé muy bien, en aquel mundo helado miserable, con una pobreza multiplicada por el frío.

# Por qué escribo/2

Si no recuerdo mal, creo que fue Jean-Paul Sartre quien dijo:
*Escribir es una pasión inútil.*
Uno escribe sin saber muy bien por qué o para qué, pero se supone que tiene que ver con las cosas en las que más profundamente cree, con los temas que lo desvelan.

Escribimos sobre la base de algunas certezas, que tampoco son certezas *full-time.* Yo, por ejemplo, soy optimista según la hora del día.

Normalmente, hasta el mediodía soy bastante optimista. Después, de doce a cuatro, se me cae el alma al piso. Se me acomoda en su lugar de nuevo hacia el atardecer, y en la noche se cae y se levanta, varias veces, hasta la mañana siguiente, y así...

Yo desconfío mucho de los optimistas *full-time.* Me parece que son resultado de un error de los dioses.

Según los dioses mayas, fuimos todos hechos de maíz, por eso tenemos tantos colores diferentes como tiene el maíz. Pero antes hubo algunas tentativas muy chambonas que les salieron pésimo. Una dio como resultado el hombre y la mujer de madera.

Los dioses estaban aburridos y no tenían con quién conversar, porque estos humanos eran iguales a nosotros pero no tenían nada que decir ni cómo decirlo porque no tenían aliento. Siempre pensé que si no tenían aliento, tampoco tenían desaliento. El desaliento es la prueba de que uno tiene aliento. Así que tampoco viene tan mal que a uno se le caiga el alma al piso, porque es una prueba más de que somos humanos, humanitos nomás.

Y como humanito, tironeado por el aliento o el desaliento, según las horas del día, sigo escribiendo, practicando esa pasión inútil.

# Silencio, por favor

Mucho aprendí de Juan Carlos Onetti, el narrador uruguayo, cuando yo me estaba iniciando en el oficio. Él me enseñaba, cara al techo, fumando. Me enseñaba con silencios o mentiras, porque disfrutaba dando prestigio a sus palabras, las pocas que decía, atribuyéndolas a muy antiguas civilizaciones.

Una de esas noches calladas, puchos y vino de cirrosis instantánea, el maestro estaba, como siempre, acostado, y yo sentado al lado, y el tiempo pasaba sin hacernos el menor caso.

Y en eso estábamos cuando Onetti me dijo que un proverbio chino decía:

—*Las únicas palabras que merecen existir son las palabras mejores que el silencio.*

Sospecho que el proverbio no era chino, pero nunca lo olvidé.

Y tampoco olvidé lo que me contó una nieta de Gandhi, que años después estuvo de visita en Montevideo.

Nos encontramos en mi café, El Brasilero, y allí, evocando su infancia, me contó que el abuelo le había enseñado el ayuno de palabras: un día a la semana, Gandhi no escuchaba ni decía. Nada de nada.

Al día siguiente, las palabras sonaban de otra manera.

El silencio, que dice callando, enseña a decir.

# El oficio de escribir

De Onetti aprendí, también, el placer de escribir a mano. A mano trabajo cada página, quién sabe cuántas veces, palabra tras palabra, hasta que paso en limpio, en la computadora, la última versión, que siempre resulta ser la penúltima.

# Por qué escribo/3

Para empezar, una confesión: desde que era bebé, quise ser jugador de fútbol. Y fui el mejor de los mejores, el número uno, pero sólo en sueños, mientras dormía.

Al despertar, no bien caminaba un par de pasos y pateaba alguna piedrita en la vereda, ya confirmaba que el fútbol no era lo mío. Estaba visto: yo no tenía más remedio que probar algún otro oficio. Intenté varios, sin suerte, hasta que por fin empecé a escribir, a ver si algo salía.

Intenté, y sigo intentando, aprender a volar en la oscuridad, como los murciélagos, en estos tiempos sombríos.

Intenté, y sigo intentando, asumir mi incapacidad de ser neutral y mi incapacidad de ser objetivo, quizás porque me niego a convertirme en objeto, indiferente a las pasiones humanas.

Intenté, y sigo intentando, descubrir a las mujeres y a los hombres animados por la voluntad de justicia y la voluntad de belleza, más allá de las fronteras del tiempo y de los mapas, porque ellos son mis compatriotas y mis contemporáneos, hayan nacido donde hayan nacido y hayan vivido cuando hayan vivido.

Intenté, intento, ser tan porfiado como para seguir creyendo, a pesar de todos los pesares, que nosotros, los humanitos, estamos bastante mal hechos, pero no estamos terminados. Y sigo creyendo, también, que el arcoíris humano tiene más colores y más fulgores que el arcoíris celeste, pero estamos ciegos, o más bien enceguecidos, por una larga tradición mutiladora.

Y en definitiva, resumiendo, diría que escribo intentando que seamos más fuertes que el miedo al error o al castigo, a la hora de elegir en el eterno combate entre los indignos y los indignados.

# Quise, quiero, quisiera

# Vivir por curiosidad

La palabra *entusiasmo* proviene de la antigua Grecia, y significaba: *tener a los dioses adentro.*

Cuando alguna gitana se me acerca y me atrapa una mano para leer mi destino, yo le pago el doble para que me deje en paz: no conozco mi destino, ni quiero conocerlo.

Vivo, y sobrevivo, por curiosidad.

Así de simple. No sé, ni quiero saber, cuál es el futuro que me espera. Lo mejor de mi futuro es que no lo conozco.

## Última puerta

Desde que se acostó por última vez, Guma Muñoz ya no quiso levantarse.

Ni siquiera abría los ojos.

En uno de sus raros despertares, Guma reconoció a la hija, que le apretaba la mano para darle serenidad al sueño.

Entonces habló, o más bien murmuró:

—*Qué raro, ¿no? La muerte me daba miedo. Ya no. Ahora, me da curiosidad. ¿Cómo será?*

Y preguntando cómo será, se dejó ir, muerte adentro.

# Pesadillas

La montaña se lo contó a un amigo, que me lo contó.

Él estaba trepando, desde quién sabe cuánto querer y no poder, y seguía caminando cuesta arriba, dale que te dale, y a cada paso la cuesta subía más y más y las piernas podían menos y menos.

—*Prohibido aflojar* —decía él, dándose órdenes tan bajito que parecía callando; pero seguía y seguía. Cuantimás se acercaba a la cumbre, más miedo sentía al después que lo llamaba, desde la honda lejanía.

Y por fin se dejó caer, se dejó ir.

El despeñadero, montaña abajo, no terminaba nunca.

Atrás quedaba el mundo, su mundo, su gente, y aunque fuera cosa del destino, él no podía dejar de insultarse, *cagón, cobarde.* Y ya estaba culminando el viaje final cuando sus manos, destrozadas por el pedrerío y las espinas, perdieron apoyo y se lo llevaron: se lo llevaron hacia nunca, sin decir adiós.

# Al fin de cada día

El sol nos ofrece un adiós siempre asombroso, que jamás repite el crepúsculo de ayer ni el de mañana. Él es el único que se marcha de tan prodigiosa manera. Sería una injusticia morir y ya no verlo.

## Al fin de cada noche

Un dios maya recibe al sol naciente.

Cargándolo a la espalda, lo lleva hasta su casa, en la selva Lacandona, y le da de comer frijoles, tortillas, sardinas y semillas de calabaza, y le sirve café.

Y a la hora del adiós, el dios lo devuelve al horizonte, que es la hamaca donde el sol se echa a dormir.

# Vivir, morir

*Le estoy mandando esta foto mía, para mi hija, que está muy lejos. Quiero que ella venga a verme, y cuando llegue hasta mí, quiero en su delante morir.*
*Yo ya estoy viejo y enfermo. Ya camino por el viento.*

(Recogido por David Acebey de un indígena
guaraní en Bolivia)

# Quise, quiero, quisiera

*Que en belleza camine.*
*Que haya belleza delante de mí*
*y belleza detrás*
*y debajo*
*y encima*
*y que todo a mi alrededor sea belleza*
*a lo largo de un camino de belleza*
*que en belleza acabe.*

(Del "Canto de la noche", del pueblo navajo)

# Índice de nombres

Feo, Carlos: 229
Ferreira, José María: 120
Feuillée, Louis: 27
FIFA: 143
Firmin, Joseph: 72
Fitzgerald, Ella: 73
Fondo Monetario Internacional:
65, 113
Fontanarrosa, Roberto: 57
Franco, Francisco: 77, 79, 219
Frankenstein: 108
Fray Bentos: 96

**G**

Gandhi, Mahatma: 106, 242
Ganga: 104
Ganges: 104
Gap: 81
Garay, Juan de: 44
Garbo, Greta: 133
García Lorca, Federico: 225, 226
Gauchito Gil: 119
Ghiggia: 145
Gibraltar, estrecho de: 22
Gijón: 87
Ginebra: 222
Gioconda, la: 131
Glasgow: 66
Goebbels, Joseph: 146
Goldman, Bob: 147
Gómez, Nélida: 230
Goodman, Benny: 58
Gouges, Olimpia de: 225
Gran Chaco: 67
Grecia: 183, 223, 227, 249
Guacurarí, Andresito: 54
Guadalupe, isla: 70
Guagnini, Galulú: 195

Guagnini, Rodolfo: 195
Guatemala: 52, 188
Guayaquil: 85
Guayas, río: 85
Gutiérrez, Ladislao: 222

**H**

Hagenbeck, Karl: 67
Hefesto: 75
Hera: 75
*Historia del Nuevo Mundo*: 23
Hitler, Adolf: 61, 235
H&M: 81
Hollywood: 16, 53, 96
Hotel Argentino: 118
Huerte, Antonio de la: 32

**I**

Iglesia: 49, 70, 135, 178, 199
India: 104, 106, 127, 144, 163,
201
Infierno: 97, 98, 116, 184
Inglaterra: 39, 143, 174
Inmaculada Concepción: 172
*Intriga en Bagdad*: 132
Irak: 137

**J**

Jaurès, Jean: 58
JCPenney: 81
Jerusalén: 116
Jesús: 56, 111, 156, 199
Jorge: 40, 133, 202
Juana: 42, 135, 167
Juana, papisa: 135

# Índice

Semillas de identidad [63]. La divina ofrenda [64].
Amnesias [65]. Monstruo se busca [66]. ¡Damas y
caballeros! [67]. Vamos a pasear [68]. Extranjero [69].
Esopo [70]. Una fábula del tiempo de Esopo [71].
Si el Larousse lo dice... [72]. Así nació Las Vegas [73].
Repítame la orden, por favor [74]. El trono de oro [75].
Pequeño dictador ilustrado [76]. Pequeño dictador
invencible [77]. El asustador [78]. El purgatorio [79].
Puertas cerradas [80]. Invisibles [81]. La primera huelga [82].
El rompevientos [83]. Ecos [84]. ¿Se restableció el
orden? [85]. Nidos unidos [86]. La otra escuela [87].
La militante [88]. La costurera [89]. La peligrosa [90].
El ojo del amo [91]. Héroes admirables, huéspedes
indeseables [92]. Sanguijuelas [93]. Aleluya [94].
La Virgen privatizada [95]. El bienvenido [96]. Las puertas
del Paraíso [97]. Viaje al Infierno [98]. Mi cara, tu cara [99].
Máscaras [100]. El zapatazo [101]. El médico [102].
La paz del agua [103]. Había una vez un río [104].
Había una vez un mar [105]. Habrá que mudarse
de planeta [106]. Una nación llamada Basura [107].
Aprendices de brujos [108]. Autismo [109].
Adivinanza [110]. El precio de las devociones [111].
Profecías [112]. Magos [113]. Brevísima síntesis de
la historia contemporánea [114]. Diagnóstico de la
Civilización [115]. Informe clínico de nuestro tiempo [116].
Sabidurías/1 [117]. Sabidurías/2 [118]. Lo que el río me
contó [119]. El héroe [120]. El cronista [121]. Pleitos [122].
La más prestigiosa crónica [123]. El callado [124].
El cuentacuentos [125]. El cantor [126]. El músico [127].
La poeta [128]. La viciosa [129]. El bautismo [130].
La secuestrada [131]. La dama de la lupa [132].
La ídola [133]. La primera jueza [134]. Otra intrusa [135].

Bendito seas, Dalmiro [136]. El derecho al saqueo [137]. Te lo juro [138]. Las guerras del futuro [139]. Calumnias [140]. La guerra contra las guerras [141]. Revolución en el fútbol [142]. Sírvame otra Copa, por favor [143]. El ídolo descalzo [144]. Yo confieso [145]. La pelota como instrumento [146]. Tramposos, pero sinceros [147]. Depravados [148]. El condenado [149]. El prohibido [150]. El querido, el odiado [151]. Bendita seas, risa, siempre [152]. El tejedor [153]. El sombrerero [154]. Las telas y las horas [155]. El carpintero [156]. El descubridor [157]. El jinete de la luz [158]. El escultor [159]. El cocinero [160]. El bombero [161]. Artistas [162]. El difunto [163]. Papá va al estadio [164]. Huellas perdidas [165]. Ausente sin aviso [166]. La ofrenda [167]. Las otras estrellas [168]. Los reyes del camposanto [169]. Última voluntad [170]. La música en los gatillos [171]. Colores [172]. Cuerpos que cantan [173]. El cuerpo es un pecado [174]. Sagrada familia [175]. Primera juventud [176]. El placer, un privilegio masculino [177]. Virtuosos [178]. Castigos [179]. Bésame mucho [180]. La desobediente [181]. Crónica gastronómica [182]. Culpables [183]. La maldita [184]. *Love story* [185]. Piojos [186]. Arañas [187]. Esa nuca [188]. Esos ojos [189]. Ese porfiado sonido [190]. Líos de pareja [191]. Líos de familia [192]. Revelaciones [193]. El taxista [194]. La recién nacida [195]. Afrodita [196]. Lilario [197]. El inventor [198]. Niños que nombran [199]. Allá en mi infancia [200]. La vocación [201]. Esa pregunta [202]. La lluvia [203]. Las nubes [204]. El río raro [205]. Los caminos del fuego [206]. La luna [207]. La mar [208]

biblioteca
**eduardo galeano**

EDUARDO GALEANO
LAS VENAS ABIERTAS DE AMERICA LATINA

EDUARDO GALEANO
VAGAMUNDO
Y OTROS RELATOS

EDUARDO GALEANO
LA CANCIÓN DE NOSOTROS

EDUARDO GALEANO
DÍAS Y NOCHES DE AMOR Y DE GUERRA

EDUARDO GALEANO
EL LIBRO DE LOS ABRAZOS

EDUARDO GALEANO
NOSOTROS DECIMOS NO
CRONICAS 1963-1988

biblioteca
**eduardo galeano**

EDUARDO
GALEANO

MEMORIA
DEL FUEGO

1. LOS NACIMIENTOS

EDUARDO
GALEANO

MEMORIA
DEL FUEGO

2. LAS CARAS
Y LAS MÁSCARAS

EDUARDO
GALEANO

MEMORIA
DEL FUEGO

3. EL SIGLO DEL VIENTO

EDUARDO
GALEANO

SER COMO
ELLOS

Y OTROS ARTÍCULOS

EDUARDO
GALEANO

LAS PALABRAS
ANDANTES

CON GRABADOS DE J. BORGES

EDUARDO
GALEANO

EL FÚTBOL
A SOL Y SOMBRA

NUEVA EDICIÓN
MUNDIAL BRASIL 2014

biblioteca
**eduardo galeano**